高校美育课

大学美育［第2版］

王一川　主　编
郭必恒　副主编

Aesthetic
Education
for
College
Students

北京师范大学出版集团
BEIJING NORMAL UNIVERSITY PUBLISHING GROUP
北京师范大学出版社

图书在版编目（CIP）数据

大学美育/王一川主编. —2 版. —北京：北京师范大学出版社，2022.12（2025.8 重印）

（高校美育课）

ISBN 978－7－303－28420－7

Ⅰ. ①大…　Ⅱ. ①王…　Ⅲ. ①美育－高等学校－教材　Ⅳ. ①G40-014

中国版本图书馆 CIP 数据核字（2022）第 242012 号

DAXUEMEIYU

出版发行：北京师范大学出版社 https：//www.bnupg.com
　　　　　北京市西城区新街口外大街 12-3 号
　　　　　邮政编码：100088

印　　刷：北京盛通印刷股份有限公司
经　　销：全国新华书店
开　　本：787 mm×1092 mm　1/16
印　　张：14.75
字　　数：250 千字
版　　次：2022 年 12 月第 2 版
印　　次：2025 年 8 月第 11 次印刷
定　　价：49.80 元

策划编辑：周　粟　　　　责任编辑：周　粟
美术编辑：王齐云　　　　装帧设计：王齐云
责任校对：陈　民　　　　责任印制：马　洁

编委会

第 2 版序言

本版教材的修订重点在于学习贯彻党的二十大精神和习近平新时代中国特色社会主义思想，引导大学美育课程教学适应新的人才培养需要。“育人的根本在于立德。”① 当前大学美育课程的根本在于以“立德”统领美育过程，将美育置于德育的统领之下；目标则是培育全面建成社会主义现代化强国的建设者和接班人所需要的“美德”。党的二十大报告提出：“实施公民道德建设工程，弘扬中华传统美德，加强家庭家教家风建设，加强和改进未成年人思想道德建设，推动明大德、守公德、严私德，提高人民道德水准和文明素养。”② 我们只有把当前大学美育课程置于上述根本和目标的统领之下，才能找准其定位和重心。

本版修订旨在学习贯彻习近平文化思想，特别是其中的美学观、美育观和文艺观，进而根据国家和教育部相关文件精神，包括教育部教体艺〔2023〕5 号文件《教育部关于全面实施学校美育浸润行动的通知》有关“学校美育浸润行动”的新部署，对大学美育工作作出更新的阐述，以便适应当前新形势下大学美育工作的新趋势和新需要。习近平总书记指出：“无论是对内提升先进文化的凝聚力感召力，还是对外增强中华文明的传播力影响力，都离不开融通中外、贯通古今。经过长期努力，我们比以往任何一个时代都更有条件破解‘古今中西之争’，也比以往任何一个时代都更迫切需要一批熔铸古今、汇通中西的文化成果。”③ 我

---

① 习近平：《高举中国特色社会主义伟大旗帜 为全面建设社会主义现代化国家而团结奋斗——在中国共产党第二十次全国代表大会上的报告》，34 页，北京，人民出版社，2022。

② 习近平：《高举中国特色社会主义伟大旗帜 为全面建设社会主义现代化国家而团结奋斗——在中国共产党第二十次全国代表大会上的报告》，44 页，北京，人民出版社，2022。

③ 习近平：《在文化传承发展座谈会上的讲话》，载《求是》，2023（17）。

们需要一方面坚持不懈地完善中国现代美育制度，另一方面自觉发掘和传承中国古典文心涵濡传统，由此建设适合于当前新时代美育发展新形势的“熔铸古今、汇通中西”的大学美育体系。

着眼于落实上述新精神，《大学美育（第 2 版）》在延续初版基本精神和风格的同时，重点提炼出一个新的美育概念——文心涵濡，并将其落实到全书各章节中。文心涵濡将已经在我国延续百余年的现代美学和美育制度与中国古典“文心”传统相融合，旨在探索中外跨文化汇通的大学美育课程的新形态。文心涵濡，作为大学生个体心灵对于天地人间纹理特征及其规律的直觉式领悟和持续浸润的过程，涉及大学生在人格定型阶段对于天地人间纹理特征及其规律的感性直觉素养的涵育。大学美育的任务，正在于培育具备“文心”素养的新时代高素养文化公民。

根据对文心涵濡的上述理解，本次修订对第一章进行了全面改写，而其他各章也进行了相应的调整。

同时，为了让全书理论表述尽量简赅、易懂，本次修订酌情以新案例或新图片替换旧案例或旧图片，还订正了个别语句和注释。

本版教材仍然是一次粗浅的探索，存在着不足和错漏，敬请各位批评指正。

王一川

2024 年 7 月 12 日于北京

序 言

大学美育对大学生有什么用？这也许是大学生读者开篇就迫切想知道的问题。大学时代有那么多知识要学，为什么非修大学美育课程不可？其实，不妨先说明一点：大学时代如果没修美育课程，短时间看什么也没缺。但是，假如放长时间去衡量，即从人的一生的人格养成的完成度看回去，那可能就“亏”大了：缺失了一名高素养公民不可或缺的要紧事——一种健全人格所需的美好心灵的养成之道。这绝非耸人听闻之语。

大学时代应当是这样一个时代：大学生在以广博的视野去自由地吸纳全人类创造的知识财富、预备融入即将到来的知识创新过程或社会职业发展行列之际，能够注意运用大学校园所提供的多种资源对自己进行美育，涵养美好心灵，促进健全人格的定型。在这个意义上说，大学生运用大学美育课程资源进行自我美育，对自己一生的人格发展有着其他任何课程都无法替代的独特而又重要的价值。

于是，专门面向大学生的大学美育课程应运而生。作为大学本科通识教育课程体系的重要组成部分，大学美育课程要向大学生讲解有关美育的基本知识。至于与美育紧密关联的美学原理以及艺术学原理问题，我主编的《美学原理（第二版）》（中国人民大学出版社 2021 年版）以及《艺术学原理（第 3 版）》（北京师范大学出版社 2021 年版）分别有所论述。读者可将本书与上述两书参照修习，对它们的内容这里就不再重复了。

按照我的理解，大学美育的主要任务不是像过去有些课程和教材那样仅仅满足于静态地传授美学知识，而是要涵养大学生的主体意识和人格修养。大学美育要协助大学生在人格定型过程中运用美育手段去完成人格定型任务。

本书的主要特色在于，有意识地舍弃仅仅对大学生讲授美学知识的老路子，转而从大学生人格养成途径出发阐述美育问题，目的是让美育真正成为大学生人格养成的有效途径。

大学美育课程应当如何设计和安排？2014 年，习近平总书记在文艺工作座谈会上指出：“我们要结合新的时代条件传承和弘扬中华优秀传统文化，传承和弘扬中华美学精神。中华美学讲求托物言志、寓理于情，讲求言简意赅、凝练节制，讲求形神兼备、意境深远，强调知、情、意、行相统一。我们要坚守中华文化立场、传承中华文化基因，展现中华审美风范。”[①]这就要求我们切实“结合新的时代条件”，依据“中华美学精神”去组织和实施大学美育。“坚持立德树人，扎根时代生活，遵循美育特点，弘扬中华美育精神，让祖国青年一代身心都健康成长”[②]，这更是对大学美育课程的具体要求。本书以马克思主义为指导，落实立德树人的根本任务，按照中共中央办公厅和国务院办公厅于 2020 年 10 月 15 日印发的《关于全面加强和改进新时代学校美育工作的意见》，围绕“以美育人、以美化人、以美培元”的文件精神组织编写，力求切实适应新时代大学美育课程教学的需要。

大学美育，在这里被理解为依托美学知识体系而对大学生进行自然美、社会美、科技美和艺术美等审美形态养成的过程。本书的主要论述体例如下。首先，在大学美育的理念、目标、属性、功能等方面加以开拓，探讨中国式美育传统、美育境界和美育模型。其次，论述自然美育、社会美育、科技美育、艺术美育的基本内容。特别是以艺术美育为主，通过丰富多样的古今中外审美案例赏析，帮助大学生导向个体美好心灵的养成，抵达文心涵濡的目标。再次，专门就近年来社会影响越来越广泛的网络艺术美育问题展开论述。最后，讨论教师角色与美育问题，以便为将来可能走向教育岗位的大学生提供必要的美育知识和技能储备。

本书在编写体例与论述上有自己的追求：一是理论表述简赅，切忌繁复和过于思辨化；二是注重案例赏析，加强文本分析，突出文心涵濡题旨；三是语言浅显易懂；四是各章都设有“本章摘要”“思考与练习”“深度阅读书目”模块。这些都是为了尽量有助于大学生读者的课程学习以及自修。

王一川

2021 年 2 月 19 日于北京

---

① 习近平：《在文艺工作座谈会上的讲话》，26 页，北京，人民出版社，2015。

② 习近平：《习近平给中央美术学院老教授的回信》，载《文艺报》，2018-08-31。

目 录

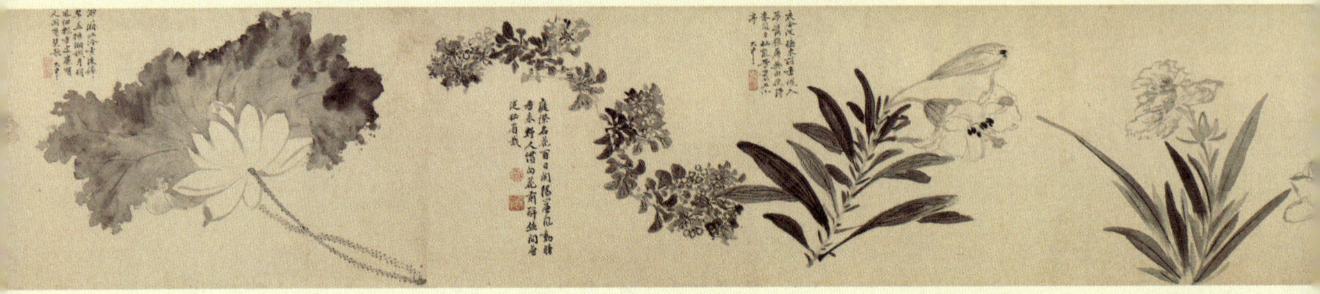

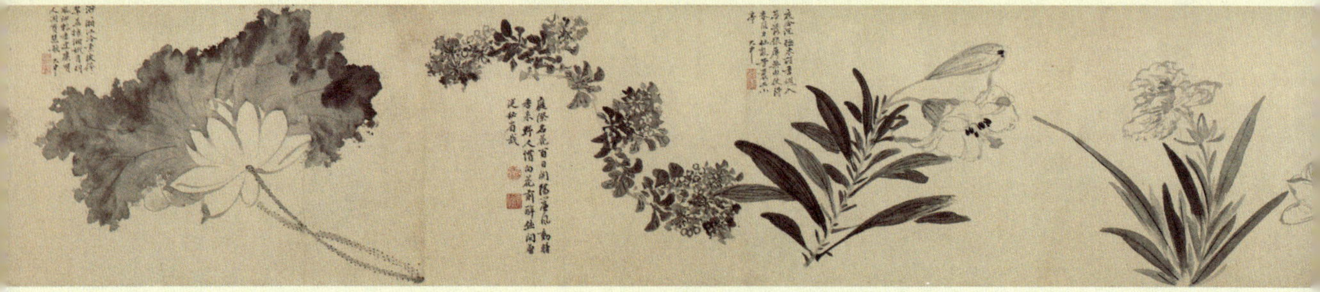

第一章

文心涵濡：大学美育新方案

当前，大学美育面临新课题，需要全国同行一道来探讨和构建新的实施方案，在见仁见智中集思广益，共同提高，以适应和满足大学美育的教学需求。大学美育新方案的制订和实施涉及相当多方面、环节和问题，自然不是一部教材就可以解决的，这里只侧重于考虑大学美育课程在教学环节上的实施方案，着重从现代美学和美育制度与中国古典“文心”传统相交融的新角度，探索一种以文心涵濡为核心的大学美育课程新方案。

一、大学美育的发展和当前任务

大学美育其实是一门老而新的课程。说它老，是说早就有相关教师在这个领域辛勤耕耘，取得了一定成果，形成了今天我们从事大学美育教学的有益基础。说它新，是说尽管如此，进入新时代的国家和社会都对大学美育提出了新要求，需要大学美育主动迎接新挑战，书写新篇章。

中华人民共和国成立以来，对大学美育有过长时间摸索。有段时间，大学美育缺乏系统规划和专门实施方案。伴随着改革开放的时代进程，在国家全面推进素质教育的大背景下，大学美育作为大学素质教育的重要部分在大学教育中获得了新地位。可以说，1949年以后，中国大学美育经历了五个阶段。

第一阶段：1952 年提出美育设想。教育部《小学暂行规程（草案）》和《中学暂行规程（草案）》要求实施智育、德育、体育、美育等全面发展的教育。

第二阶段：1986 年正式列入国家教育方针。第六届全国人民代表大会第四次会议通过《关于第七个五年计划的报告》，首次将美育列入国家教育方针。

第三阶段：1999 年成为国家素质教育的一环。中共中央、国务院《关于深化教育改革全面推进素质教育的决定》提出实施素质教育，把德、智、体、美有机统一在教育活动各环节中；在当代国家教育制度中首次确立美育与德育、智育、体育等同样重要的教育地位；专门就大学美育作了工作部署。

第四阶段：2013 年列入国家深化改革战略。中国共产党第十八届中央委员会第三次全体会议通过的《中共中央关于全面深化改革若干重大问题的决定》要求改进美育教学，提高学生审美和人文素养。2015 年 9 月 15 日，国务院办公厅印发《关于全面加强和改进学校美育工作的意见》，要求全面加强和改进学校美育工作。

第五阶段：2020 年启动新时代学校美育。2020 年 10 月 15 日，中共中央办公厅和国务院办公厅印发《关于全面加强和改进新时代学校美育工作的意见》，要求从落实立德树人根本任务的高度去启动新时代学校美育，弘扬中华美育精神，把美育纳入各级各类学校人才培养全过程和各学段。

当前，大学美育作为新时代学校美育工作的重要组成部分，面临哪些新任务呢？最重要的是，切实贯彻落实国家的新要求，在“立德树人”根本任务的基础上，面向新时代大学生人才培养的新需要，传承和弘扬中华美学精神和中华美育精神，全面改进和实施大学美育。“我们要结合新的时代条件传承和弘扬中华优秀传统文化，传承和弘扬中华美学精神。中华美学讲求托物言志、寓理于情，讲求言简意赅、凝练节制，讲求形神兼备、意境深远，强调知、情、意、行相统一。我们要坚守中华文化立场、传承中华文化基因，展现中华审美风范。”[①] 与此同时，“做好美育工作，要坚持立德树人，扎根时代生活，遵循美育特点，弘扬中华美育精神，让祖国青年一代身心都健康成长”[②]。这就规定了新时代大学美育的新任务和新

---

① 习近平：《在文艺工作座谈会上的讲话》，26 页，北京，人民出版社，2015。

② 习近平：《习近平给中央美术学院老教授的回信》，载《文艺报》，2018-08-31。

目标：落实“立德树人”根本任务，既紧密结合时代社会生活需要又自觉弘扬中华美育精神，促进大学生健康人格的养成。

美育不仅凸显出自身的重要性，而且成为“立德树人”根本任务的重要实现途径。《关于全面加强和改进新时代学校美育工作的意见》聚焦于“以提高学生审美和人文素养为目标，弘扬中华美育精神，以美育人、以美化人、以美培元，把美育纳入各级各类学校人才培养全过程”。这份文件还就大学阶段美育的课程和教材体系作了具体部署：“高等教育阶段开设以审美和人文素养培养为核心、以创新能力培育为重点、以中华优秀传统文化传承发展和艺术经典教育为主要内容的公共艺术课程”；“高等教育阶段强化学生文化主体意识，培养具有崇高审美追求、高尚人格修养的高素质人才”；“高校落实美育教材建设主体责任，做好教材研究、编写、使用等工作，探索形成以美学和艺术史论类、艺术鉴赏类、艺术实践类为主体的高校公共艺术课程教材体系”。这就明确阐述了大学美育的主要任务、基本目标和教材体系建设要求，形成了系统而完整的新时代大学美育制度设计和具体部署。

按照我们的理解，大学美育不能满足于静态地传授美学知识，更要助力于大学生的人格养成。大学美育要协助大学生在人格定型过程中运用美育手段，通过美育途径完成人格定型。由此，大学美育课程要有意识地舍弃仅仅讲授美学知识、艺术知识、艺术创作技能或审美欣赏的老路子，转而从大学生人格养成途径去重新思考和阐述美育问题，目的是让大学生真正行动起来，让大学美育真正成为大学生人格养成的重要途径。

二、大学美育的属性和美好心灵的养成

大学美育的属性，需要同大学生的人格养成联系起来看。人格，通常与个体的言行在社会生活中表现出来的心理特征相关，包括兴趣、爱好、兴趣、气质等。蔡元培早就认识到：“人性何由而完成？曰：在发展人格。发展人格者，举智、情、意而统一之光明之谓也。盖吾人既非木石，又非禽兽，则自有所以为人之品格，是谓人格。发展人格，不外乎改良其品格而已。”说到底，人格就是指人之所以为人的基本价值。“人格之价值，即所以为人之价值也。”人格

并非简单的个体构成，而是指个体的社会品格。“人格者，谓吾人在社会中之品格。”[①] 由此看来，人格是人类个体在社会中的稳定品格，包括其行为方式和内部过程，涉及理智、情感、意志等诸多方面。个体的一生意味着人格的持续养成。正如俗话所说，活到老养到老。

人格养成方式有多种，蔡元培优先倡导美育。“今日科学发达，宗教亦无所施其技，而美术实可代宗教。”这里已经出现了“美育代宗教”的萌芽。蔡元培并不认为美育是现代西方所独有的，而是认为它在中国古已有之。“周之礼乐”“理学家之词章”“科举时代之词章书画”等都属于中国固有的美育传统。基于这种中西美育汇通的认识，蔡元培认为现代教育的任务之一就是在“普通教育”中“参用美感”以及使“实业教育”与“美感教育”调和，从而培养“人格完备”之现代人才。[②]

美育为什么能够比宗教等其他方式更有利于人格养成？这是由美育的主要属性决定的：“鉴激刺感情之弊，而专尚陶养感情之术，则莫如舍宗教而易以纯粹之美育。纯粹之美育，所以陶养吾人之感情，使有高尚纯洁之习惯，而使人我之见、利己损人之思念，以渐消沮者也。盖以美为普遍性，决无人我差别之见能参入其中。”[③] 美育属于“专尚陶养感情之术”，可以起到“陶养吾人之感情，使有高尚纯洁之习惯”的作用。“专尚陶养感情之术”，即是一种通过感性形象体验去激发高尚或健全人格的人格养成方式。在蔡元培看来，美育的属性在于通过“专尚陶养感情之术”，也即感性形象体验去涵养“高尚纯洁”的人格。

对于大学生来说，大学美育的属性直接与其人格养成中的感性形象体验方式有关。蔡元培 1927 年在总结推行大学美育的初衷时反思道：“美育之实施，直以艺术为教育，培养美的创造及鉴赏知识；而普及于社会。”大学美育的目标不能局限于培育艺术专业人才，而是要“普及于社会”，即着眼于所有大学生的素养养成。蔡元培

---

① 《蔡元培全集》第 2 卷，160 ～ 161 页，杭州，浙江教育出版社，1997。

② 《蔡元培全集》第 2 卷，486 ～ 487 页，杭州，浙江教育出版社，1997。

③ 《蔡元培全集》第 3 卷，60 页，杭州，浙江教育出版社，1997。

的大学美育理想集中表现在下列认识中：“美育之目的，在陶冶活泼敏锐之性灵，养成高尚纯洁之人格，故为达到美育实施之艺术教育，除适当之课程外，尤应注意学校的环境，以引起学者清醇之兴趣、高尚之精神。故校舍应择风景都丽之区，建筑应取东西各种作风之长，而以单纯雄壮为条件，期与天然美相调和，而切于实用。”[①]由于把大学美育的属性规定为以感性形象体验的方式养成“高尚纯洁之人格”，蔡元培还主张发展专门从事美育的“艺术大学”，并且提出应在学校环境选择上突出建筑美和自然环境美的相互浸润。

可以说，大学生的人格养成需要借助美育这种感性形象体验方式，这就必然要求大学开展美育工作。不过，为什么要如此重视大学阶段的美育呢？这是由于，在个体人格发展历程中，大学阶段有着特殊的重要性。按照心理学家的划分，个体的人格发展一般需要经历八阶段：一是婴儿期基本信任对不信任，二是童年早期自主性对羞怯和疑虑，三是游戏年龄主动性对罪疚感，四是学龄期勤奋对自卑，五是青春期同一性对角色混乱，六是成年早期亲密对孤独，七是成年期繁殖对停滞，八是老年期完善对失望。[②]大学阶段大约相当于这八阶段中的第五、第六阶段，属于个体人格发展上至关重要的同一性和亲密性趋于定型的关键期。大学阶段人格养成的具体任务就在于，使渐进中的人格趋于定型，确立基本的人格范型，也就是回答个体提出的我是什么人、我将成为什么人等基本问题，至少为问题的最终解答提供可继续完善的大体方案。既然大学阶段是个体人格趋于定型的关键阶段，那么鉴于该阶段的复杂性和艰难性，求助于美育方式就是可以理解的和必要的了。

大学美育是大学生依赖于感性形象的人格养成途径。这意味着，大学美育要通过自然美、社会美、科技美和艺术美等审美形态的感性形象体验达成使大学生人格定型的目标。由此看来，大学美育也是大学生人格定型时的感性形象体验过程。具体地说，大学美育是一种通过感性形象体验而促进大学生养成健全人格的过程，也就是以感性形象体验的方式向大学生美好心灵之养成这一目标进发的过

---

① 《蔡元培全集》第 6 卷，133 ～ 134 页，杭州，浙江教育出版社，1997。

② ［美］埃里克 · H. 埃里克森：《同一性：青少年与危机》，孙名之译，66 页，北京，中央编译出版社，2015。

程。当个体健全人格在大学阶段面临定型任务时，大学美育能通过感性形象体验的方式帮助大学生完成任务。

这里的美好心灵，指向具有内在美质的健全人格，指个体有着仁爱和友善的德行修养及知行统一的人格构成。美好心灵的养成，指个体仁爱和友善的德行修养及知行统一的人格借助感性形象体验而得到涵养。美好心灵的养成作为大学美育的具体实施途径，可以从四个方面来看。

首先，纯真之心涵养，即纯朴、率真、真诚之心的涵养。例如，倡导“清水出芙蓉，天然去雕饰”的李白，赞扬西施“秀色掩今古，荷花羞玉颜”，肯定其纯真之美。白居易也说：“回眸一笑百媚生，六宫粉黛无颜色。”可见，真正的美是纯真的和无修饰的。

其次，良善之心涵养，即善良、友爱、乐于助人之心的涵养。杜甫说“穷年忧黎元，叹息肠内热”，传达出忧百姓之忧，不仅口中叹息不已而且心里焦灼不安的深厚的人间情怀。他还说“才高心不展，道屈善无邻”，感叹李白虽才华超群却无用武之地，虽道德崇高却无人理解，由此呼唤惜才崇德的社会风尚。

再次，尚美之心涵养，即懂得借助感性符号形式而形象地把握人生与世界的意义之心的涵养。刘禹锡《秋词》写道：“自古逢秋悲寂寥，我言秋日胜春朝。晴空一鹤排云上，便引诗情到碧霄。”假如诗人没有一双善于发现美的眼睛，就不可能另辟蹊径，走出“自古逢秋悲寂寥”的传统，产生“秋日胜春朝”的新鲜体验；同理，也正是由于诗人有着高超的诗律修养，才有可能把人生体验上升为不可遏止的豪迈“诗情”，最终吟咏出脍炙人口的诗篇。

最后，信仰之心涵养，即对人生、世界、宇宙有着明确而坚定的信念并付诸行动之心的涵养。于谦《石灰吟》这样刻画“石灰”：“千锤万凿出深山，烈火焚烧若等闲。粉骨碎身全不怕，要留清白在人间。”诗人借助屡遭锤打、焚烧和粉碎的石灰形象，凸显坚守高洁情操的人生信念。

或许我们还可以列出一些，但以上四个方面是一个都不能少的。美好心灵的养成，应当是指纯真之心、良善之心、尚美之心和信仰之心相互交融的人格涵养过程，也就是拥有真、善、美、信等多重面向之心灵的养成。这样的理解虽不足以概括美好心灵之养成的全部，但可以揭示其不可或缺的维度。

这里在现代美学的真、善、美三者相互交融的基础上，特意添加信即信仰或信念，是想说明，个体的人生信仰养成在美育构成中十分关键。恰如五四时期“美育代宗教”的口号试图表达的那样，美育通过真、善、美等素养的养成而要达到的最高目标，其实就在于人生信念或信仰的养成。拥有健全或高尚人格的人，必然有坚定的信念，也就是确切地知道自己应当自觉追求什么。突出信念养成的重要性，应当成为美育区别于一般艺术教育的关键。这样的由真、善、美、信等共同构成的美心，虽与天赋有关，但我们不能仅仅将其归结为天赋，而尤应注重后天的持续养成。这就需要包括大学美育在内的多种美育形态的持续养成。

三、传统视域中大学美育的实质——文心涵濡

发展和实施大学美育，需要结合现代美学和美育制度传承中华美育精神，为探索美好心灵的养成提供有力的美育资源。这就是说，大学美育应当以现代美学和美育为基本制度，以中华美育精神为灵魂。这就需要在前贤打下的基础上，面向大学美育课程的新需要而进行新探索。由此，不妨提出一个新的核心思路：大学美育的实质在于文心涵濡。

文心涵濡，是现代美学和美育新制度与中国古典“文心”传统相交融的结果。与西方美育建立在现代美学基础上并且以“美”为核心范畴不同，中国古代与西方美育功能相当的“诗教”“文教”“风教”传统，并没有以“美”为核心范畴，而是以“文”“文心”为核心范畴，尽管“美”在汉语中也有不可忽视的重要性以及源远流长的语义演变。这意味着，大学美育其实是大学生人格定型时的感性形象涵濡过程，会以感性形象涵濡的方式为大学生人格定型提供生动的范式。

“文”，可以代表整个中国思想的基础的东西，而“尚文”构成周代以来中国文化传统的核心精神。《文心雕龙·原道》开宗明义地论述了“文”的地位和价值：

> 文之为德也大矣，与天地并生者何哉？夫玄黄色杂，方圆体分：日月迭璧，以垂丽天之象；山川焕绮，以铺理地之形。

此盖道之文也。仰观吐耀，俯察含章，高卑定位，故两仪既生矣。惟人参之，性灵所钟，是谓三才，为五行之秀，实天地之心。心生而言立，言立而文明，自然之道也。[①]

在刘勰文采斐然的描绘中，“文”意义重大。它与天地一道生长，代表着天地间万事万物之斑纹、色彩、形体等，后来出现了人这一宇宙间最特出的事物，这一“天地之心”，进而产生了“文心”“言”“文明”。现代新儒家的代表人物之一钱穆在《无师自通中国文言自修读本之编辑计划书》中把中国文化传统的特质归因于中国独特的“文字”传统及其推衍：

中国文化传统，绵延四千年以上，而且能不断发扬光大，其中一原因，亦为其文字具有特殊之性格与功能，故使其文化传统，易保存、易传递。其一是中国文字能摆脱语言束缚，而获得其独立自由之发展。其次是中国文字创造，有其精妙之意义，与其活泼之使用方法，故使中国人只凭少数单字，而对历史上不断后起之种种新事物新观念，都可运用自如，尽量表达，而使旧有文字，永不感有不敷应用之困难。[②]

一位法国汉学家也认识到：“‘文’是中国思想的基础”，进一步看，“中国的传统文化就受到‘文’的逻辑的影响”。[③]这些认识是建立在对“文”在中国文化传统中的地位和作用的把握上的。

由此我们可以更好地理解文心涵濡。“文”，甲骨文是文画交错的样子，带有象形特点；金文则从心、文声，位于其核心的心形图案似有指向人类心灵的意思。文为心之形象，心乃文之内核。“文”有丰富的含义，如彩色交错的图形，斑纹、花纹，文字，刺画文字

---

① （南朝梁）刘勰著：《文心雕龙注释》，周振甫注，1页，北京，人民文学出版社，1981。

② 钱穆：《中国文学论丛》，288页，北京，生活·读书·新知三联书店，2002。

③ ［法］汪德迈：《跨文化中国学》上册，72～73页，北京，中国大百科全书出版社，2020。

或花纹，文章，文辞、词句，文才、才华，文彩、华丽。[①] 我们可以将“文”大致分为四个层面：一是人类观察到的万事万物的纹理特征和规律，即自然之文；二是人类创造的符号表意系统，即人文；三是人类创作的表达情感、思想和想象力的文章及其他作品，即文艺作品；四是人类据以创造符号表意系统的主体文才，即文人。“文”涉及“天文”“地文”“人文”在个体中的整合效应，即天地人间客观纹理特征和运行规律在个体中的涵养形态。相应地，“文心”即人心对于“天文”“地文”“人文”的运行规律的领会，也就是善于领会天地人间万事万物的纹理特征及其规律的心灵。

一般地说，“文心”是一种在对于天地人间纹理特征及其规律的直觉中领悟人生真理的素养和符号化状态。人人都可能拥有“文心”，只是文艺家基于天才以及专门的训练等，往往能够更加敏感于运用想象力和符号表现能力进行创造性表达。

具体地说，“文心”包括三层含义：一是个体对于天地人间纹理特征及其规律的感性直觉素养，这属于主体的心灵状态；二是由感性符号形式系统所呈现的个体对于天地人间纹理特征及其规律的感性直觉状态，标志着天地人间纹理特征及其规律已经凝聚在人类发现或创造的符号形式系统中，这属于客体符号形式状态；三是就艺术作品鉴赏来说，欣赏者从文艺作品中领悟到的天地人间纹理特征及其规律。简要而言，“文心”包括主体心灵、客体符号形式系统和欣赏者对客体符号形式系统的领悟。

再来看“涵濡”。“涵”，浸润。“濡”，沾湿。“涵濡”，指雨水对事物的包涵和滋润，从而带有包涵和滋润之意，以及更持久深入的濡染、熏陶、熏染之意。[②]“文心”需要或者依赖于“涵濡”，人的心灵对于天地人间纹理特征及其规律的把握其实是一个长期的涵养过程。

合起来，我们可以说，文心涵濡作为大学美育的实质，是大学生个体心灵对于天地人间纹理特征及其规律的直觉式领悟和持续浸润的过程。

---

① 汉语大词典编辑委员会、汉语大词典编纂处:《汉语大词典(缩印本)》，4022页，上海，汉语大词典出版社，1997。

② 王一川：《涵濡的现代性：中国文论新传统》，14～20页，北京，北京师范大学出版社，2019。

在大学美育课程中，文心涵濡是如何具体展开的呢？《红楼梦》第二十三回叙述了贾宝玉和林黛玉阅读《西厢记》的故事。这天正值三月中浣、桃花盛开，贾宝玉在大观园里偷偷阅读茗烟买来的《西厢记》，读得读痴如醉。读到“落红成阵”时，真的有风吹落桃花。他索性把花瓣都兜了起来，抖到水里，实行“水葬”。冷不防林黛玉过来，进行了更加雅致的“土葬”：先把桃花扫起，放在绢袋里，再带到犄角埋到土中。发现贾宝玉手中有书，她便也拿过来读。读后，林黛玉与贾宝玉交流对书中人物和情节的看法，加深了相互之间的知音之情。在贾宝玉离开后，林黛玉听到梨香院的女孩唱《牡丹亭》中“原来姹紫嫣红开遍，似这般都付与断井颓垣”“良辰美景奈何天，赏心乐事谁家院”这样的戏文，不知不觉心痛神痴，眼中落泪。她又联想到此前读到的“流水落花春去也，天上人间”等诗词，以及刚刚读过的《西厢记》中的“花落水流红，闲愁万种”，继而对自己的人生有了更加复杂深刻的体会。这里展示的中国古代喜欢阅读的少男少女文心涵濡的过程，可以为我们理解和建构当前大学美育课程中的文心涵濡的模型提供一种参照。

在大学美育的具体实施过程中，文心涵濡可以表现为以下方面、环节或步骤的综合。

一是从具体审美形态中感性地体验天地人间纹理特征及其规律的过程。注意，这里起主要作用的不是理性地理解而是感性地体验，即个体的五官感觉体验与其情感和想象等心理过程相互交融的直觉状况。

二是运用相关科学知识或跨学科知识以及其他素养的积累而对上述体验进行理性抽象的过程。这是感性体验基础上的理性提炼和概括过程。

三是以多种方式将上述感性体验和理性抽象汇聚起来与他人口头分享、书面交流或形成评论文字的过程。这是运用多种语言方式分享和交流个体的感性体验和理性概括的过程。

四是将上述感性体验、理性抽象和分享交流潜移默化地推衍到实际人生中的过程。这是指个体将美育心得推衍到实际生活中。

只有历经这些过程，大学美育才能真正起到大学生人格定型过程中感性符号形式涵濡的作用。

在这里，文心涵濡体现出如下特点。第一，直觉性，即以指向天地人间纹理特征及其规律的感性符号形式及形象系统诉诸大学生五官感觉，令其感到身心兴腾。第二，心灵性，即通过大学生的身心兴腾唤醒其健全或高尚的心灵，使其产生深层的精神感动。第三，涵濡性，即超越普通感性和理性层面而直指信仰深层的超常直觉，并在后续人生中持续推衍。

四、文心涵濡的形态和功能

以文心涵濡实施大学美育，着重关注的是大学生的个体心灵对于天地人间纹理特征及其规律的感性直觉素养的涵育。

就美育来说，“文心”是个体从具体审美形态中直觉地感受天地人间纹理特征及其规律，进而把握人生真理的素养。这里的“具体审美形态”可以是自然美、社会美、科技美和艺术美等。从一般美学原理有关审美形态的分类看，文心涵濡在大学美育中有如下具体形态。

一是自然美育，展现为自然之文心涵濡，即通过对于天地自然之文的感性直觉而涵养大学生个体人格。

二是社会美育，展现为人伦之文心涵濡，即通过社会人伦之文的感性直觉而涵养大学生个体人格。

三是科技美育，展现为科学技术之文心涵濡，即通过科学和技术之文的感性直觉而涵养大学生个体人格。

四是艺术美育，即艺术之文心涵濡，即通过对于人类创造的“美的艺术”作品之文的感性直觉而涵养大学生个体人格。

比较而言，艺术美育由于既来自社会生活之美同时又高于社会生活之美，并且最贴近人类心灵，因此属于核心美育形态。

在进入具体的艺术门类和艺术媒介形态美育之前，我们需要首先面对其在特定民族、历史中生成和遗留的多种多样的美育形态。简要地说，艺术美育的民族历史形态有中国古典型艺术美育、中国现代型艺术美育、外来型艺术美育三大类。其中，中国古典型艺术美是在中国古代数千年历史中形成并流传至今的艺术美，中国现代型艺术美是中国近现代以来形成的具有现代特征的艺术美，外来型艺术美是中国历史上从外部引进或借鉴而至今仍有影响的艺术美。它们都是大学生进行文心涵濡的优质资源。

进一步从现行艺术门类来看，艺术之文心涵濡主要有如下形态：

一是声文涵濡，构成音乐之文心涵濡；二是舞文涵濡，构成舞蹈之文心涵濡；三是言文涵濡，构成文学之文心涵濡；四是书文涵濡，构成书法之文心涵濡；五是戏文涵濡，构成戏曲之文心涵濡；六是画文涵濡，构成绘画之文心涵濡；七是影文涵濡，构成电影之文心涵濡；八是视文涵濡，构成电视之文心涵濡；九是俗文涵濡，构成民俗文化及民间艺术之文心涵濡；十是网文涵濡，构成网络文艺之文心涵濡。

文心涵濡在大学生人格养成中的功能是多方面的，我们可以从“文心”对于大学生人格中求真、为善、成趣、笃信这四方面的养成去考察。

文心涵濡的功能之一为文心导真。这是以富于感性的纹理图式体验去激发学生的情感和想象力，引导学生在情感体验的不知不觉中体味到人生的真理，可以体现美育与智育的交融。要理解文心导真，不妨重温黑格尔的论述：

> 艺术并不是一种单纯的娱乐、效用或游戏的勾当，而是要把精神从有限世界的内容和形式的束缚中解放出来，要使绝对真理显现和寄托于感性现象，总之，要展现真理。这种真理不是自然史（自然科学）所能穷其意蕴的，是只有在世界史里才能展现出来的。这种真理的展现可以形成世界史的最美好的方面，也可以提供最珍贵的报酬，来酬劳追求真理的辛勤劳动。①

黑格尔所说的艺术与“真”的联系或者其“真理”内涵，见于许多艺术品。苏轼《题西林壁》：

> 横看成岭侧成峰，远近高低各不同。
> 不识庐山真面目，只缘身在此山中。

苏轼通过对庐山崇山峻岭的切身体验，得出了很有哲理的结论：要获取事物的全貌，就必须跳出局部。这种在审美体验中获取的生

---

① ［德］黑格尔：《美学》第三卷下册，朱光潜译，335 页，北京，商务印书馆，1981。

动形象的真理，正如马克思所主张的那样，往往比看似严整的学术论述更具感染力和说服力：

> 现代英国的一批杰出的小说家，他们在自己的卓越的、描写生动的书籍中向世界揭示的政治和社会真理，比一切职业政客、政论家和道德家加在一起所揭示的还要多。他们对资产阶级的各个阶层，从“最高尚的”食利者和认为从事任何工作都是庸俗不堪的资本家到小商贩和律师事务所的小职员，都进行了剖析。[①]

马克思认为那些“卓越的、描写生动的”小说所提供的“政治和社会真理”，“比一切职业政客、政论家和道德家加在一起所揭示的还要多”。恩格斯则这样论述巴尔扎克：

> 他是比过去、现在和未来的一切左拉都要伟大得多的现实主义大师，他在《人间喜剧》里给我们提供了一部法国“社会”，特别是巴黎上流社会的无比精彩的现实主义历史，他用编年史的方式几乎逐年地把上升的资产阶级在1816—1848年这一时期对贵族社会日甚一日的冲击描写出来……围绕着这幅中心图画，他汇编了一部完整的法国社会的历史，我从这里，甚至在经济细节方面（诸如革命以后动产和不动产的重新分配）所学到的东西，也要比从当时所有职业的史学家、经济学家和统计学家那里学到的全部东西还要多。[②]

马克思和恩格斯的论述表明，审美与艺术确实能够通过其特有的审美媒介和形式去打动欣赏者，产生通向真理的向心力。

文心涵濡的功能之二为文心润善。这是以富于感性的纹理图式体验去滋润学生的道德，引导学生把道德规范内化为自觉自愿的心灵愉快和精神享受，可以体现美育与德育的交融。孔子认为：“教

---

① 《马克思恩格斯全集》第10卷，686页，北京，人民出版社，1962。

② 《马克思恩格斯文集》第10卷，570～571页，北京，人民出版社，2009。

民亲爱，莫善于孝。教民礼顺，莫善于弟。移风易俗，莫善于乐。安上治民，莫善于礼。”[①] 这里的“移风易俗，莫善于乐”是说，要想转移社会风气、改变民间习俗，没有比音乐更好的方式了。翻译家和批评家傅雷深谙音乐的文心涵濡功能，能够自觉地汲取外来型艺术的营养：

> 疗治我青年时世纪病的是贝多芬，扶植我在人生中的战斗意志的是贝多芬，在我灵智的成长中给我大影响的是贝多芬，多少次的颠扑曾由他搀扶，多少的创伤曾由他抚慰——且不说引我进音乐王国的这件次要的恩泽。除了把我所受的恩泽转赠给比我年青的一代之外，我不知道还有什么方法可偿还我对贝多芬，和对他伟大的传记家罗曼·罗兰所负的债务。表示感激的最好的方式，是施予。[②]

傅雷不仅从贝多芬音乐之文中获得善的感召，而且更进一步，把贝多芬以及罗曼·罗兰所“施予”自己的又“施予”他自己的读者，试图带给自己的读者相同的感召。

文心涵濡的功能之三为文心成趣。这是以富于感性的纹理图式体验去唤醒和涵养学生的人生好尚的过程，可以体现美育与体育、劳育的交融。人生在世，应当善于从文心的激荡中体会身心的愉快和满足，从而直接或间接地领略人生的丰厚滋味。朱光潜指出人生是严肃的，但也强调人生应有“情趣”，即情调和趣味，否则就太单调乏味了。

> 艺术是情趣的活动，艺术的生活也就是情趣丰富的生活。人可以分为两种，一种是情趣丰富的，对于许多事物都觉得有趣味，而且到处寻求享受这种趣味。一种是情趣干枯的，对于许多事物都觉得没有趣味，也不去寻求趣味，只终日拼命和蝇蛆在一块争温饱。后者是俗人，前者就是艺术家。情趣愈丰富，

---

① 汪受宽译注：《孝经译注》，95 页，上海，上海古籍出版社，2007。
② 傅敏：《傅雷谈艺录（增订本）》，301 页，北京，生活·读书·新知三联书店，2016。

生活也愈美满，所谓人生的艺术化就是人生的情趣化。[①]

这启示我们，人生固然需要踏实、勤勉和持久的奋斗，但如果同时也懂得追求一种有情趣的生活，就能够在严肃的生活进程中不时地收获愉快。

吴冠中有一幅《双燕》，画的是江南水乡。静静的水塘边，矗立着墙壁巨大而洁白、屋檐墨黑而细小的民居，其白色墙壁与黑色屋檐之间的对比显得夸张而又奇特。民居外正中偏右的一株略斜的高树上，嫩黄的树叶与青绿的树叶交织，好像在肃静地欣赏自身水中的倒影。有两只燕子轻盈地掠过，让画面在整体的宁静中产生了微妙的动感，平添了几分情趣。可以说，世间并不存在与画中所绘风景一模一样的江南风景。它完全是画家基于偶然获取的生活情趣而创造出来的，但无疑可以激起欣赏者的人生情趣。

《双燕》的创作感兴来自吴冠中的一次江南之旅。吴冠中从小生长在江南水乡，后虽长居北京，但始终对故乡山水梦萦魂牵。一次在宁波转车时，他被火车站附近的独特景观吸引，匆匆挥笔速写。回京后，他即根据这个“母体”展开想象，创作出这幅画。正如画家所自述的：“《双燕》着力于平面分割，几何形组合，横向的长线及白块与纵向的短黑块之间形成强对照……《双燕》明确地表达了东方情思，即使双燕飞去，乡情依然。横与直、黑与白的对比美在《双燕》中获得成功后，便成为长留我心头的艺术眼目。”[②] 甚至可以说，《双燕》恰恰体现了吴冠中的绘画个性。“我一辈子断断续续总在画江南，在众多江南题材的作品中，甚至在我的全部作品中，我认为最突出、最具代表性的是《双燕》。”[③] 更具体地看，《双燕》的艺术形式创新及意义构型颇有特色：

那幅《双燕》中突出了一堵高大的白墙，她占有画面五分之二的面积，她是主角，在画面的平面分割中，首先充分保证了她的优越感……横幅画服从“横”的势力统治，正如方幅画

---

① 《朱光潜全集》第2卷，96页，合肥，安徽教育出版社，1987。
② 吴冠中：《文心画眼》，88页，北京，团结出版社，2008。
③ 吴冠中：《文心画眼》，87页，北京，团结出版社，2008。

一般受控于方与圆的核心……主角白墙是画中之王，她的宫殿扩展到画面的极限。她容忍“黑”，只容忍窄长条条的黑，只是为了顺其势，助其威；她容忍与她逆向的、笔直的乌黑的门窗，只是为了对照其身段之美，衬托其洁白。门窗位置的安排并非全根据住房主人的意愿，却服从于白墙身材的身段美的准则。树的姿态，左上角的山墙之尖峭，倒影的朦胧，都受制约于端端正正，安详横卧着的女王——白墙，都是她顺心的侍卫。①

从画家的自我阐释中，我们可以领略他平时留心捕捉生活情趣的习惯。画家从生活体验中获取情趣的满足，欣赏者则可以从画家的创作中获取新奇独特的情趣体验。

文心涵濡的功能之四为文心树信。这是以富于感性的纹理图式体验去协助学生培植人生信仰或信念，可以体现美育与信仰的交融。《平凡的世界》中，孙少平酷爱 19 世纪欧洲文艺，从中吸取了丰厚的养分，并且总结出自己的信仰体系——“苦难的哲学”。这是一种在人生中无论遭遇何种艰难险阻都不放弃、永远乐观地进取和奋斗的坚韧信念。孙少平在给妹妹兰香的信中是这样阐释的：

我们出身于贫苦的农民家庭——永远不要鄙薄我们的出身，它给我们带来的好处将一生受用不尽；但我们一定又要从我们出身的局限中解脱出来，从意识上彻底背叛农民的狭隘性，追求更高的生活意义……首先要自强自立，勇敢地面对我们不熟悉的世界，不要怕苦难！如果能深刻理解苦难，苦难就会给人带来崇高感……痛苦难道是白忍受的吗？它应该使我们更伟大！②

孙少平的信仰体系并没有多少高深莫测的抽象理念，但蕴含着深刻的人生哲理，给千千万万读者带来勇敢坚定的生存信念，激励他们在苦难中奋发向上、奋发有为。

---

① 吴冠中：《文心画眼》，89 页，北京，团结出版社，2008。

② 路遥：《平凡的世界》第二部，329 页，北京，人民文学出版社，2004。

文心涵濡作为大学美育的实质，主要功能在于文心导真、文心润善、文心成趣、文心树信，比较全面地体现了美育与智育、德育、体育、劳育等教育环节的交融。

在具体实施环节，大学美育课程可以根据校情而灵活开设：可以是一门课，也可以是由系列课程组成的课程模块；可以一位教师授课，也可以多位教师合开；可以线下教学和线上教学相结合；可以课堂教学与课余教学相配合；可以理论学习、欣赏实践和心得撰写相贯通；可以是网络共享混合课程，便于更广范围的学生修习或自学。

本章摘要

当前大学美育课程需要制订新的实施方案，其主要任务在于成为大学生人格养成的重要途径，主要属性在于大学生人格定型中的感性形象体验方式，具体实施途径在于美好心灵的养成，即纯真之心涵养、良善之心涵养、尚美之心涵养和信仰之心涵养的相互交融。从现代美学和美育制度与中国古典“文心”传统相交融的角度看，大学美育的实质在于文心涵濡。文心涵濡是大学生个体心灵对于天地人间纹理特征及其规律的直觉式领悟和持续浸润的过程，着力关注大学生在其人格定型阶段对于天地人间纹理特征及其规律的感性直觉素养的涵育。文心涵濡在大学美育中的展开形态有自然之文心涵濡、人伦之文心涵濡、科学技术之文心涵濡、艺术之文心涵濡，在大学生人格养成中的功能有文心求真、文心润善、文心成趣和文心树信。

思考与练习

1. 阅读路遥《平凡的世界》第一部第二章，回答下列问题：高中生孙少平对什么小说着了迷？小说给了他怎样的启迪？他后来又陆续从其他文艺作品中获得了什么？试由此结合自己所知的实例，谈谈文艺作品的美育作用。

2. 大学美育的目标何在？大学美育是否可以等同于艺术教育？请结合具体事例进行阐述。

3. 大学生美好心灵的养成包括哪些方面？

4. 美育作为文心涵濡，对大学生有哪些作用？

深度阅读书目

1. 中国蔡元培研究会:《蔡元培全集》第6卷,杭州,浙江教育出版社,1997。其中《创办国立艺术大学之提案》一文反思性地总结了在中国开展大学美育的目标、任务和意义,并且提出创立中国艺术大学的设想,关注到大学校园自然环境选择和人工环境营建对于开展大学美育的意义。这些值得今天关心大学美育的大学师生阅读和了解。

2. [美]埃里克·H. 埃里克森:《同一性:青少年与危机》,孙名之译,北京,中央编译出版社,2015。该书从心理学家的角度提出人格及其同一性发展对个体的重要性,对于读者理解人格发展在个体成长中的意义有启迪价值。

3. 吴冠中:《文心画眼》,北京,团结出版社,2008。该书多为短文,叙述画家对自然、日常生活的观察和体验,重点书写生活细节的所蕴含的人生情趣,追忆作画过程,再配以画家自己的画作,图文并茂。有意思的是,书名"文心画眼"突出了画家对于"文心"传统的领悟和钟爱。这个图文品鉴过程本身就带有文心涵濡的特点。

4. 路遥:《平凡的世界》,北京,人民文学出版社,2004。这部长篇小说着力叙述了主人公孙少平对文艺作品的热爱,以及文艺作品在他成长和成人过程中所产生的美育价值。

第二章

美育的传统、境界和模型

当前开展大学美育，需要传承中华民族自己的美育传统，由此出发探索美育境界，理解美育模型。[①]

一、美育传统

美育传统，这里指中国美育传统，它是一个内涵丰富的命题。中国美育传统是数千年来中华多民族生存境遇及其共同价值体系长期孕育的结晶，凝聚着中华文化传统的精华，具有绵长久远的生命力。中国美育传统主要指中华文化传统在个体人格养成上的独特建树。从根本上说，中华文化传统的核心内涵之一是人的培育或养成。正是在这个意义上，中国美育传统尤其能体现中华文化传统的精神特质：中华文化的终极目标不仅在于个体的情感陶冶，还在于由此实现完整人格或健全人格的养成。这种完整人格或健全人格不是表现为西方式的“自我实现”或“人定胜天”，而是表现为个体与天地的和谐，即人顺天地，也就是中国哲学所追求的“天人合一”的境界。

中国美育传统主要体现为个体的与天地和谐的健全人格的养成。在这里，我们可以透过儒家、道家和禅宗的美育精神获得概略的了解。这三种美育传统之间虽然略有差异，但总体精神是相通的，

① 本章内容吸收了王一川的论文《中华美育精神的内涵和特质》（载《中国艺术报》2018 年 9 月 7 日）、《数字全球化时代的美育模型》（载《美育学刊》2020 年第 5 期）。成书时有修订。

即都主张人道顺应天地之道。

（一）儒家美育精神

儒家美育精神体现在美育的最高目标是个体遵循天道后的无言。这里主张个体的高级修养不在于战胜他人或征服天地，而在于遵循天道以及追求含蓄之美。这可以从孔子有关无言之美的主张中见出。《论语》载有这样一则师生对话：

> 子曰："予欲无言。"子贡曰："子如不言，则小子何述焉？"子曰："天何言哉？四时行焉，百物生焉，天何言哉？"①

有一天，孔子表示自己不想说话了。子贡说："如果老师都不说话了，那么我们遵循什么呢？"他的意思是老师当然应该说点什么，否则弟子容易失去人生准则。孔子回答说："你看老天可曾说过什么？四时在运行，万物在化生，老天何曾说过什么？"这则对话表明，儒家美育精神强调个体人格的定型不能违反天道而只能遵循天道，由此，个体的最高人格修养表现在不是强行以人的言行去干预天道，而是无言地遵循天道。按照朱光潜的理解："所谓无言，不一定指不说话，是注重在含蓄不露。"②"无言"之美就是一种含蓄之美："拿美术来表现思想和情感，与其尽量流露，不如稍有含蓄；与其吐肚子把一切都说出来，不如留一大部分让欣赏者自己去领会。因为在欣赏者的头脑里所生的印象和美感，有含蓄比较尽量流露的还要更加深刻。换句话说，说出来的越少，留着不说的越多，所引起的美感就越大越深越真切。"③由此看，艺术美之最高境界，既在于说出来的部分，更在于没有说出而含蓄表达的部分："美术作品之所以美，不是只美在已表现的一部分，尤其是美在未表现而含蓄无穷的一大部分，这就是本文所谓无言之美。"④

正是由于相信个体人格的最高修养在于遵循天道，孔子主张"游于艺"，也就是让个体精神自由畅行于人间事务之中。"志于道，

---

① 杨伯峻译注：《论语译注》，187～188 页，北京，中华书局，1980。
② 《朱光潜全集》第 1 卷，65 页，合肥，安徽教育出版社，1987。
③ 《朱光潜全集》第 1 卷，66 页，合肥，安徽教育出版社，1987。
④ 《朱光潜全集》第 1 卷，69 页，合肥，安徽教育出版社，1987。

据于德，依于仁，游于艺”，要求在育人上注重有志于“道”，根据于“德”，依存于“仁”，畅游于“六艺”。这里的“六艺”并非指今日之艺术，而是指礼、乐、射、御、书、数这六项技能，其中也包含艺术（如乐）。“游于艺”意味着，个体要真正成人，不仅应在德育、智育和体育等方面顺利发展，也应在美育方面顺利发展，而且特别重要的是，应当让德育、智育和体育等教育方式融于美育，或通过美育方式去实现。个体要在对感性形象的想象和体验中，达到对思想品德、理智和身体等方面的社会规范的自主占有和自由享受。简要地说，儒家美育精神的核心内涵之一是强调通过审美与艺术途径涵养个体的美好心灵。孔子讲“兴于诗，立于礼，成于乐”，提出了儒家所标举的“君子”的养成途径：首先是从《诗经》的感发中兴腾起来，身心愉悦；其次是心悦诚服地接受“礼”的规范；最后是在“乐”的心神激荡中走向成人的高峰境界。孔子自己的教育方式就带有“从游”式教育的特点，是一种弟子跟随老师在实际的社会交游中结合具体情境而涵养人生技艺和人格境界的教育方式。在这方面，孔子留下了杏坛习礼、农山言志、叹于川上、吾与点也等经典美育教案。

按照儒家美育精神，个体的健全人格在于崇尚无言之美或含蓄之美。不妨重温杜甫的《望岳》：

岱宗夫如何？齐鲁青未了。
造化钟神秀，阴阳割昏晓。
荡胸生曾云，决眦入归鸟。
会当凌绝顶，一览众山小。

有“群山之宗”称谓的泰山怎么样？你看在齐鲁大地上，它那苍翠的山色连绵无尽。大自然仿佛把神奇秀丽之精华都汇聚在这里，山之南北阴阳分界、晨昏各异。近看升腾着的层层云气，不禁心胸摇荡；远望飞鸟回归山林，眼角似要裂开。我定要登上那最高的山峰，自豪地俯瞰渺小的群山。当写完最后一行诗句，诗人最合理的做法是什么？是无言，也就是以沉默领略主体和对象之美。

（二）道家美育精神

道家美育精神相信，美育的目标在于个体顺任天道而回归素朴。如果说，儒家考虑如何行动起来，保障言行遵循天道而达于无言之美，那么道家则是要求个体不以虚妄言行去干预天道，而是顺任天道，回归天道的素朴之美。“是以圣人处无为之事，行不言之教；万物作而不为始，生而不有，为而不恃，功成而弗居。”① 理想的有道者，应是不妄为而为、不言而教、顺任万物规律而不加干预、生养万物而不据为己有、对万物有为而不自恃、有所成就而不夸耀之人。因此，老子倡导“绝圣弃辩”，“绝伪弃诈”，“绝巧弃利”。“此三者以为文，不足。故令有所属：见素抱朴，少私寡欲。”② 这是说，过多的文化规范如“辩”“诈”“利”成为人通向道的阻碍。重要的是“见素抱朴”，即保持质朴心性。庄子甚至提出“绝圣弃知而天下大治”③ 的主张。在庄子看来：“圣人之利天下也少而害天下也多……圣人生而大盗起。掊击圣人，纵舍盗贼，而天下始治矣。夫川竭而谷虚，丘夷而渊实。圣人已死，则大盗不起，天下平而无故矣。”④ 郭象注说：“夫圣人者，天下之所尚也。若乃绝其所尚而守其素朴，弃其禁令而代以寡欲，此所以掊击圣人而我素朴自全，纵舍盗贼而彼奸自息也。”⑤ 按照郭象的阐释，庄子在这里提出了破除“天下之所尚”而回归“素朴自全”境界的政治理想。

可以说，道家美育精神突出地表现为标举素朴之美或天然之美。与儒家的无言之美有时可能显得高深莫测不同，道家的素朴之美指回归自然或天然的状况，它不是个体的“有为”之美而是“无为而为”的结果。《庄子·知北游》说：“天地有大美而不言，四时有明法而不议，万物有成理而不说。圣人者，原天地之美而达万物之

---

① 陈鼓应注译：《老子今注今译（修订版）》，80 页，北京，商务印书馆，2003。

② 陈鼓应注译：《老子今注今译（修订版）》，147 页，北京，商务印书馆，2003。

③ （清）郭庆藩撰：《庄子集释》，王孝鱼点校，377 页，北京，中华书局，1961。

④ （清）郭庆藩撰：《庄子集释》，王孝鱼点校，346 页，北京，中华书局，1961。

⑤ （清）郭庆藩撰：《庄子集释》，王孝鱼点校，349 页，北京，中华书局，1961。

理，是故至人无为，大圣不作，观于天地之谓也。”[1] 天地本来就存在大美却不言语，四时节律分明却不发议论，万事万物都有其生成规律却不说话。圣人是可以就天地大美寻根探源并通达万物之道者，所以至人顺任自然，大圣不妄自做事，这都是由于取法于天地。总之，道家相信美在自然或天然，而不在人为或人工。《庄子·秋水》讲述了这样的道理：“牛马四足，是谓天；落马首，穿牛鼻，是谓人。故曰，无以人灭天，无以故灭命，无以得殉名。谨守而勿失，是谓反其真。”[2] 人为之美比不上天然之美，就像牛马本身就美，一旦被加上辔头和缰绳，就受到束缚，失去了天然之美。只有谨守事物之天然本性，才能恢复纯真、素朴的本性。

明代画家沈周的《卧游图册》，其中一开为《秋山读书图》（图 2–1）：

图 2–1

沈周《卧游图册·秋山读书图》

① 陈鼓应注译：《庄子今注今译（最新修订版）》，650 页，北京，商务印书馆，2007。

② 陈鼓应注译：《庄子今注今译（最新修订版）》，496 ～ 497 页，北京，商务印书馆，2007。

这幅画绘有四株树木，它们姿态各异地立在山坡上。有一株树叶稀疏，还有一株歪斜着伸展过画面中部直到左侧，引人注目。最右侧一株呈斑斓之色，足见其时秋风扫落叶之情状。歪斜的松枝下方，有人正在静心读书，画面左上方亦有题诗：

高木西风落叶时，一襟萧爽坐迟迟。
闲披秋水未终卷，心与天游谁得知。

由题诗可知，画中的读书人正在秋风萧瑟、秋色斑斓中静读庄子的名篇《秋水》，其身姿与心灵都仿佛与“秋水”共在、共游。这想必也是画家素淡心境的自况。整幅画在冷色基调中融入些许暖色，传达出不是悲秋而是赏秋的素淡有致的主体心境。这幅画可以被视为庄子之秋水精神的绘画表达。而庄子所代表的秋水精神，已成为中国古典山水画家共同的美学追求。

（三）禅宗美育精神

与儒家美育精神和道家美育精神分别标举个体的无言之美和素朴之美不同，禅宗美育精神崇尚空灵之美。

禅宗作为佛教中国化的产物，凝结了一系列独特的思想。禅宗始祖达摩宣称“我法以心传心，不立文字”①，禅宗大师们也留下了诸多名言，如“不立文字，直指人心，见性成佛”②，“不识本心，学法无益，识心见性，即悟大意”③，“佛是自性作，莫向身求。自性迷，佛即众生；自性悟，众生即佛”④，“若求作佛，即心是佛；若欲问道，无心是道”⑤，“道不用修，但莫污染，莫作佛见、菩萨见，

---

① （南唐）静、筠二禅师编撰：《祖堂集》上册，孙昌武等点校，98页，北京，中华书局，2007。

② （唐）慧能著：《坛经校释》，郭朋校释，182页，北京，中华书局，2012。

③ （唐）慧能著：《坛经校释》，郭朋校释，18页，北京，中华书局，2012。

④ （唐）慧能著：《坛经校释》，郭朋校释，82页，北京，中华书局，2012。

⑤ （南唐）静、筠二禅师编撰：《祖堂集》上册，孙昌武等点校，179页，北京，中华书局，2007。

平常心是道"[1]。这些话贯穿着一种共同的精神，即突出个体物质欲望的消解和心灵沉静自修的重要性。禅宗主张"道由心悟"[2]或"由心悟道"[3]，集中体现出对自我的"心"的体悟、观审和沉淀等的重视。同时，禅宗主张众生平等且皆有"佛性"，只要"明心见性"，人人都可"顿入佛地"。按照禅宗的上述精神推导，禅宗美育的基本精神在于以个体心性修养的方式摆脱物质欲望的束缚，借助顿悟走向空灵境界，实现心性自由。[4]

宋代严羽的《沧浪诗话》正体现了这种禅宗美育精神。"大抵禅道惟在妙悟，诗道亦在妙悟。且孟襄阳学力下韩退之远甚，而其诗独出退之之上者，一味妙悟而已。惟悟乃为当行，乃为本色。"[5]严羽从禅道的"妙悟"出发，主张诗道也在"妙悟"，并且认为孟浩然虽然学力远不及韩愈，但诗歌成就却高于韩愈，其奥秘就在于"妙悟"。严羽认为，只有"妙悟"才是"诗道"的"当行"和"本色"。不妨来看孟浩然的《题大禹寺义公禅房》：

义公习禅寂，结宇依空林。
户外一峰秀，阶前群壑深。
夕阳连雨足，空翠落庭阴。
看取莲花净，应知不染心。[6]

这首诗描写了诗人游历绍兴会稽山大禹寺时，对寺中义上人参禅环境的独特"妙悟"：禅房寂静，空林依傍，户外山峦秀丽，阶前沟壑深远。日暮雨过，一片青翠碧透投影到庭院背阴处，显得清

---

① （南唐）静、筠二禅师编撰：《祖堂集》下册，孙昌武等点校，757页，北京，中华书局，2007。

② （唐）慧能著：《坛经校释》，郭朋校释，152页，北京，中华书局，2012。

③ （南唐）静、筠二禅师编撰：《祖堂集》上册，孙昌武等点校，126页，北京，中华书局，2007。

④ 方立天：《禅宗概要》，84页，北京，中华书局，2011。

⑤ （宋）严羽著：《沧浪诗话校释》，郭绍虞校释，12页，北京，中华书局，1983。

⑥ 陶文鹏注评：《王维孟浩然诗选评》，346页，西安，三秦出版社，2004。

幽明净。正是这一片空灵寂静，让诗人领悟到禅机：眼中莲花洁净无尘，不正是义公心性空净、尘心不染的写照吗？最后两句属于全诗的点睛之笔，以莲花之洁净联想到义公之“心”的明净通透、一尘不染，巧妙地传达出“妙悟”的精神。借此空灵透彻的诗境，我们更能领略严羽的如下观点：“诗者，吟咏情性也。盛唐诸人惟在兴趣，羚羊挂角，无迹可求。故其妙处透彻玲珑，不可凑泊，如空中之音，相中之色，水中之月，镜中之象，言有尽而意无穷。”①诗歌之禅境，在于透彻空灵，宛如空中之音、物之表象、水中之月、镜中之影，应当以极简文字蕴含无穷意味。

中国美育传统当然绝不只有儒、道、禅三家，但这三家最有代表性。它们分别从德行修养、回归自然和识心见性的角度认识和倡导美育，共同突出了个体的“心”的自由活动及其与天地的协调关系的主导作用，表明中国美育传统始终注重个体人格的养成。这种独特的美育传统至今仍有积极的传承价值，可以被统合到当代大学美育途径之中，服务于学生美好心灵的养成。

二、美育境界

前面已说过，大学阶段是学生人格趋于定型的关键期，其有关自我的同一性或认同的追求会试图寻求理想的完整范型。既然如此，大学美育就应当为学生的人格定型提供符合其理想的完整范型。要回答这个问题，不妨以人生境界理论为基础，探讨当代中国大学美育的独特传统。对此，可以从心理学家马斯洛的需要层次论与哲学家冯友兰的人生境界论的比较入手。

按照美国心理学家亚伯拉罕·马斯洛的需要层次论（图 2–2），人的需要通常有五个层次：一是生理需要，即维持生存及延续种族的需要，如饥渴、饥饿、性欲等，为人类基本的或最低层次的需要；二是安全需要，即生理需要满足后出现的一整套新需要，如安全、稳定、保护、免受恐吓等，是人类的低级需要；三是归属与爱的需要，即个体作为社会的一员而与他人实现感情交流的需要，包括被人接纳、爱护、关注、鼓励及支持等，为人类的高级需要；四是自尊需要，即

① （宋）严羽著：《沧浪诗话校释》，郭绍虞校释，26 页，北京，中华书局，1983。

个人的自尊、自重和获取他人的尊重的需要，是人类的高级需要；五是自我实现的需要，指人对自我完成的需要，属于人类的最高级需要。马斯洛在此基础上还补充了另外两种需要：一是认知需要，二是审美需要。不过，它们都没有被正式列入需要层次体系。①

按照这种需要层次论推导，马斯洛所主张的美育精神在于，人类个体无论其出身贵贱、身世顺逆、经历繁简等，都有着这五种需要，都有可能追求至高的人生目标即自我实现。而获取自我实现体验的人，又总是能享受到人生中美妙的高峰体验。由此看来，马斯洛所心仪的美育目标在于个体在社会中超越性的“自我实现”，也就是最终战胜自我、出人头地、征服自然等。这种美育精神当然不可能代表西方美育精神的全部内涵，但至少呈现出一种富有影响力的基本特质：美育旨在帮助人们追求个体的自我实现。

与马斯洛以自我实现为核心的美育精神相比，中国现代新儒学代表人物冯友兰的人生境界论（图 2–3），依托于中国文化传统而呈现出独特性，由此开掘出独特的中国美育境界。在冯友兰看来，中国人相信人生在世就是做事情，而做不同的事情有不同的目的，于是就有不同的人生境界。哲学并不神秘，它就是研究人生境界的学问。冯友兰倾向于把中国人的人生境界分为四个层级。一是自然境界，即个体依循生理本能及社会习俗做事的状态，其基本特征在于“顺才顺习”，以“本我”为中心，属于最低层级，大体相当于马斯洛的生理需要层次。二是功利境界，即个体出于利己动机为满足个人利益而做事的状态，其焦点在于“取”而不在于“与”，利己而未必利人，大体相当于马斯洛的生理需要及安全需要两层次的

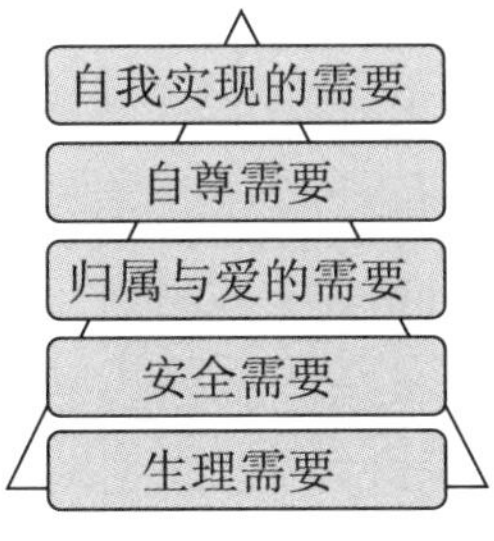

图 2–2

马斯洛需要层次论图示

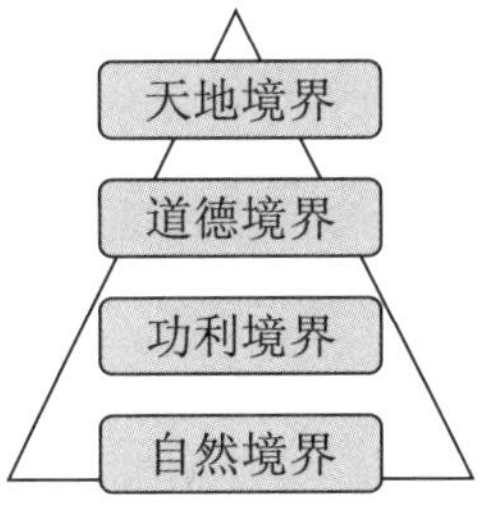

图 2–3

冯友兰人生境界论图示

① ［美］亚伯拉罕·马斯洛：《动机与人格（第三版）》，许金声等译，30 ～ 34 页，北京，中国人民大学出版社，2007。

组合。三是道德境界，即个体出于利他动机为社会利益做事的状态，重“与”而不重“取”，为“义”而不为“利”。这属于尽伦尽责的人生境界，大体相当于马斯洛归属与爱的需要、自尊需要及自我实现的需要的结合。四是天地境界，指个体出于超自然、超功利及超道德动机而为至高的宇宙做事的状态。这是一种超乎社会整体利益而达于全宇宙高度的人生追求，相当于孟子所说的“天民”。天地境界的人既能尽人伦人职，更能尽天伦天职，达到了人生的最高境界。这一层级与马斯洛自我实现的需要相比，可能有所交叉，因为马斯洛在论述中也有限地触及了个体与超社会的宇宙之间的融合问题，但归根结底，它在整体上溢出了马斯洛以个体为中心的有限设定，从个体上升到超个体及超社会的天地高度。

按照冯友兰的划分，自然境界、功利境界的人，是人现在就是的人；道德境界、天地境界的人，是人应该成为的人。前两者是自然的产物，后两者来自精神的创造。自然境界最低，往上是功利境界，再往上是道德境界，最后是天地境界。达到道德境界的人是贤人，达到天地境界的人是圣人。哲学的目的正是教人何以成为圣人。成为圣人，就是达到人作为人的最高成就。[①]

从冯友兰的人生境界论推导，中国美育传统不像马斯洛那样对个体的自我实现孜孜以求，也不是突出人类自我在宇宙中的特殊性，而是强调最高的天地境界的统领价值，主张在对个体的超越性追求中达到人与天地的融合。如此，中国美育传统就不会像马斯洛那样以个体的自我实现为最高目标，而是主张追求天地境界。

运用冯友兰的人生境界论去理解中国美育传统的独特内涵和特质，便有了美育境界论（图 2–4）。与人生境界论相应，中国人所理解的美育境界也可以由四个层级组成。

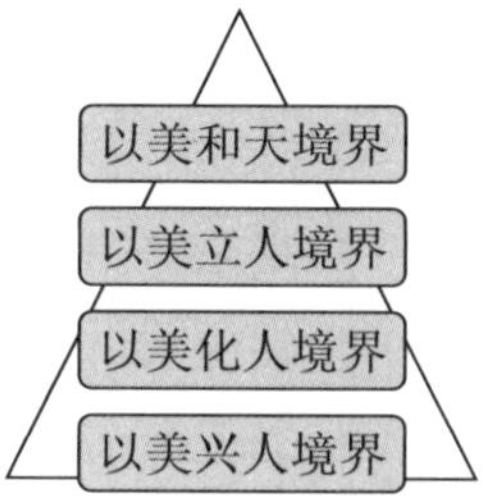

图 2–4

美育境界论图示

① 冯友兰:《三松堂全集》第 4 卷，496 ～ 500 页，郑州，河南人民出版社，2001。

第一层级为以美兴人境界。这是让个体通过审美与艺术的媒介、感性符号等的感染，从自然境界的“顺才顺习”中兴腾一种向上提升的精神力量。孔子主张“诗可以兴，可以观，可以群，可以怨”，正是讲《诗经》具有令人“兴起”的力量。金圣叹评点《水浒传》时说：“写鲁达为人处，一片热血直喷出来，令人读之深愧虚生世上，不曾为人出力。孔子云‘诗可以兴’，吾于稗官亦云矣。”[①] 这是把鲁智深形象的感染效果归结为“兴”。清代袁枚讲了这样一个故事：“圣人称诗‘可以兴’，以其最易感人也。王孟端友某在都纳妾，而忘其妻。王寄诗云：‘新花枝胜旧花枝，从此无心念别离。知否秦淮今夜月？有人相对数归期。’其人泣下，即挟妾而归。”[②] 这个故事显示了以“诗兴”成功劝导友人的美育效果。

第二层级为以美化人境界。如果说第一层级美育境界是产生向上的精神力量，那么这一层级美育境界是产生感化的力量。这是让个体通过审美与艺术的形象体验而获得感化或感动，从功利境界的利益羁绊中解脱出来，向往无功利的想象力的自由游戏。《毛诗序》提出：“风，风也，教也。风以动之，教以化之。”孔颖达《毛诗正义》解释说：“微动若风，言出而过改，犹风行而草偃，故曰风”。这是说诗、乐、舞结合的艺术当如自然界的风一样，对人起到感化或教化作用。所以《毛诗序》又说：“是以一国之事系一人之本谓之风。”《毛诗正义》注解道：“诗人览一国之意以为己心，故一国之事系此一人使言之也。但所言者，直是诸侯之政，行风化于一国……诗人总天下之心，四方风俗，以为己意，而咏歌王政，故作诗道说天下之事，发见四方之风。”[③] 这就明确要求诗人的创作应在社会生活中起到教化作用。这种风化的美育境界相当于管仲所说的“春风风人，夏雨雨人”。[④] 理想的以美化人效果，就应当如春风风人、

---

① 陈曦钟、侯忠义、鲁玉川辑校：《水浒传会评本》上册，81 页，北京，北京大学出版社，1987。

② （清）袁枚著：《随园诗话》，顾学颉校点，400 页，北京，人民文学出版社，1982。

③ 李学勤主编：《十三经注疏·毛诗正义》，17 页，北京，北京大学出版社，1999。

④ 《说苑·贵德》记载：“管仲上车曰：‘嗟兹乎！我穷必矣！吾不能以春风风人，吾不能以夏雨雨人，吾穷必矣！’”参见（汉）刘向撰：《说苑校证》，向宗鲁校证，110 页，北京，中华书局，1987。

夏雨雨人，令人于不知不觉间受到浸染或涵濡。

第三层级为以美立人境界。这是一种完成态的或成就型的美育境界，即让个体通过审美与艺术意蕴的领悟，从一般道德境界的束缚中超脱出来，力求在超道德境界中反观世界和自我，成就真正的完整的人。范仲淹的《岳阳楼记》把文人自我纳入更加广阔的天下中去审视，树立起新的成人姿态："不以物喜，不以己悲，居庙堂之高则忧其民，处江湖之远则忧其君。是进亦忧，退亦忧。"最终，他写下"先天下之忧而忧，后天下之乐而乐"的千古名句。

第四层级为以美和天境界。这是一种回归原初"天人合一"状态的美育境界，即让个体由审美与艺术的兴腾，经过审美感化和立人境界，最终达到与天地和谐相处的最高境界。这是要求达成天、地、神、人之间的和谐，而非马斯洛指出的个体从人群、从自然、从宇宙中脱颖而出的状况。《尚书》记载：

> 帝曰："夔，命汝典乐，教胄子，直而温，宽而栗，刚而无虐，简而无傲。诗言志，歌永言。声依永，律和声。八音克谐，无相夺伦，神人以和。"夔曰："於！予击石拊石，百兽率舞。"[①]

舜主张运用音乐、诗歌、舞蹈等综合的仪式手段去感发族人，塑造和谐人格，最终达到"神人以和"的境界，这指的就是回归人与天地和谐相融的状况。

上述四种美育境界诚然有由低向高之层级差异，也有程度、品质等的分别，但在实际的美育活动中，每一种境界对个体来说都有其必要性、重要性及独立价值，共同服务于完整人格的生成。

美育境界是从中国式人生境界论理解中国美育传统的结果，认为美育是由以美兴人、以美化人、以美立人、以美和天四种境界组成的持续的个体涵濡过程，目标在于文心涵濡。人生境界论也堪称中国美育境界的基本途径。

追求中国美育境界，对推进大学美育、塑造大学生以美好心灵为核心的健全人格，具有重要的意义。首先，中国美育境界要求实现中华多民族文化价值体系的共存和共享，而它本身就是多民族团

① 王世舜译注：《尚书译注》，18页，成都，四川人民出版社，1982。

结共生的精神象征。其次，中国美育境界注重审美与艺术对个体的兴发感动和感化作用，体现了“诗教”或“风教”在中华民族文化传统中的特殊作用。再次，中国美育境界突出审美与艺术在个体成人过程中关键的涵濡或滋润作用，表明不是能力展示而是人格涵养才是美育的核心。最后，中国美育境界强调最高境界并非培育勇于战胜他人和宇宙的自我式人格，而是涵养顺乎天地并与之和谐相处的共在或共生式人格。这与中华文化对“和”“中和”“同和”的尊崇传统相一致，也与塑造美好心灵的目标相一致。今天伸张中国美育境界传统有助于澄清美育问题上的理论混乱，纠正操作迷误，让美育回归正确的轨道。

实际上，中国美育境界及其途径多种多样。如果进一步细分，可以看到，除了儒家美育境界及其体现的“依仁游艺”“优游涵咏”等追求，还有道家美育境界及其体现的“逍遥游”“乘物以游心”等主张，以及禅宗美育境界及其体现的“明心见性”“直指人心，见性成佛”等特质。此外，还可以细分出文人美育、民间美育等。就美育的社会资源来说，还可以看到艺术美育、社会美育、自然美育、科技美育和城市文化美育等多种形态。

三、美育模型

当前从事大学美育工作，应当正视数字化时代的新问题，建立起数字化时代的美育模型。

这里的数字化时代，简要地说，指高度发达的数字化技术同计算机和网络技术等相互借力，共同促进信息技术革命，从而对经济全球化进程起到加速和强化作用的特定状况。这种意义上的数字化时代，对大学美育的作用不可能只有便利而没有弊端。《数字化生存》的作者尼葛洛庞帝尽管承认，“如同每一种技术或科学的馈赠都有其黑暗面”一样，人们难免会“亲身体验到数字化生存造成的文化破坏”，但是仍然对数字化时代的未来抱以几乎毫无保留的乐观主义：“数字化生存的确给了我们乐观的理由。我们无法否定数字化时代的存在，也无法阻止数字化时代的前进，就像我们无法对抗大自然的力量一样。”尼葛洛庞帝进一步发现和肯定“数字化生存”具有“四个强有力的特质”：一是分散权力，二是全球性，三是追求和谐，四是赋予权力。[①] 按照他的看法，数字化生存首先会带来分权效应，让信息收集、创造和传播等特殊“权力”由少数或特权阶层的集中或垄断行为而在普通公众中变得普及化和个人化；其次会加速信息传播和利用的全球性进程，实现全球时尚的迅速普及；再次会通过数字化确立前所未见的全球“共同语”，化解不同文化之间的冲突，以合作代替竞争，形成和谐效应；最后是呈现出“赋权”本质，特别是基于“人类的每一代都比上一代更加数字化”的理由，优先掌握或“霸占”全球信息资源的年轻人会从中找到“新的希望和尊严”。

对于这种乐观论，我们当然可以采取十分必要的保留甚至质疑的姿态，因为单纯相信数字技术的权力及其无限制膨胀，特别是片面地向年轻一代倾斜而忽略其他群体的权力，无疑是偏颇的。但是，我们也要正视数字化生存或数字化时代所面对的美育问题。当身处数字化时代，技术手段变得越来越便捷的时候，美育该怎么做？

推进数字化时代的美育，不妨借鉴罗曼·雅各布逊的言语沟通六要素模型。它简明扼要地揭示了言语沟通的常态化过程：有一个发信人（the addresser）发送信息（message）给收信人（the addressee）；信息有其据以发生和解读的语境（context）；有为发信人和收信人所共同识别的符码（code）；最后，还有使发信人和收信人之间建立联系成为可能的媒介渠道——触媒（contact）。这样我们可以见到如下模型（图 2–5）[②]：

语境

信息

发信人……………………………………………………收信人

触媒

符码

图 2–5

言语沟通六要素模型

① ［美］尼葛洛庞帝：《数字化生存》，胡泳、范海燕译，267 ～ 269 页，海口，海南出版社，1997。

② ［俄］波利亚科夫：《结构—符号学文艺学——方法论体系和论争》，佟景韩译，176 页，北京，文化艺术出版社，1994。

这个言语沟通六要素模型合理而有用，可以分析美育活动过程。不过，在数字化时代，面对数字化生存以及互联网所形成的双向传播特点，特别是数字化时代越发重要的审美文化传统不可缺少的导向作用，做适当的调整也是必要的。

这就是说，要建立数字化时代美育模型，需要在言语沟通六要素基础上考虑更复杂的关系缠绕以及更多要素的综合作用。数字化时代早就存在着常态化的双向传播问题，美育工作者虽然是发信人或传者，但同时也应当是收信人或受者，可合称“传受者”；同理，收信人或受者同时也是发信人或传者，可合称“受传者”。传者与受者都同时是受者与传者，二者之间存在双向互动、角色共享和互换等情形。数字化所代表的也并不只是技术问题，还是技术化权力问题或技术化政治问题，属于以数字技术为基础的包括多种生命技术、材料技术、传播技术、管理技术等在内的技术政治问题。因为正如《数字化生存》所论，数字化生存同时意味着“赋权”，即赋予数字技术使用者以更大的生活世界权力。扩展地说，数字化生存技术与其他有关人类生命世界或生活世界的多种技术规训体系一道，共同组成生命政治或技术政治，可合称“生命技术政治”，其中就包括审美生命政治。审美生命政治意味着现代以来的生命技术系统已经深深地嵌入审美及艺术系统，为审美及艺术系统对日常生命活动的培育提供必要的技术条件，从而形成新的审美权力关系格局。此外，面对数字化时代的同质化冲动，人们必然更加执着地呼唤民族文化传统的导向作用，希望借助传统元素来看护自己的灵魂家园。

这样一来，就应当在原有六要素的基础上增加第七、第八个要素，即生命技术政治要素和文化传统要素，形成数字化时代的言语沟通要素模型（图 2–6）：

文化传统

语境

信息

发信人……………………………………………………收信人

触媒

符码

生命技术政治

图 2–6

数字化时代言语沟通要素模型

再进一步，我们可以获得数字化时代美育要素模型（图 2–7）[1]：

审美文化传统

美育语境

美育文本

美育传受者…………………………………………美育受传者

美育媒介

美育符码

审美生命技术政治

图 2–7

数字化时代美育要素模型

在这个模型中，第一要素是美育传受者，他既是数字化时代美育的传者，也是这个数字化双向互动过程的受者，承担着主动的传与被动的受这一双重角色。第二要素是美育受传者，此时的美育受者同时也是美育传者，兼顾美育过程中受者和传者的双重角色。第三要素是美育文本，就是供我们开展美育过程的美育作品，通常是艺术品以及自然美、社会美、科技美等现象或案例，包括数字化作品或案例。第四要素是美育语境，就是美育传受者和美育受传者之间展开沟通的特定社会场所或氛围。这种来自特定时代的社会语境对美育有十分重要的影响。第五要素是美育符码，这就是美育传受者和美育受传者之间赖以建立关系和实现沟通的共通的符号识别系统，是美育代码、美育编码或美育作品的构成形式，与特定民族文化中的形式美学、文化习俗、文化惯例等紧密相关。第六要素是美育媒介，这就是美育传受者和受传者之间发生物理联系的感性渠道，包括传播渠道等，如当前我们熟知的互联网、新媒体等。第七要素是审美文化传统。美育可以通过审美符号系统表现深厚的民族文化传统，审美文化传统可以说是美育语境要素延伸和拓展的结果。这是一种特殊的民族集体意识、集体记忆、共通世界观、原始意象、美学形式等的结合体。尤其是在数字化时代，一个民族的美学传统、美育传统、艺术传统等会在日常生活中起着重要的导向作用。第八

① 这个模型是根据王一川主编的《新编美学教程》中的审美沟通七要素模型增订而成的。

要素是审美生命技术政治，指美育过程被深深地嵌入社会技术系统，或者说日常生活中的社会技术传统给予美育过程以基本的建构或形塑作用，促使美育成为日常生活看似不起眼但又微妙而重要的组成部分。这八要素叠加在一起，可以形成这样一个美育模型：美育传受者与美育受传者在特定的美育语境中，通过美育媒介和美育符码而展开美育文本之间的对话，这场对话依托审美生命技术政治的规训，需要接受审美文化传统的导引。

数字化时代的美育模型是由美育传受者、美育受传者、美育语境、美育媒介、美育符码、美育文本、审美文化传统、审美生命技术政治这八要素组成的相互联系的系统。从这样一个美育模型中，我们可以见出数字化时代美育面临的一系列新变化。这些新变化颇为复杂，此处暂作粗浅理解。

第一，数字化时代的美育语境已经和正在发生变化。在强传染性病毒之外，还存在其他不容忽视的灾害、危险等。如此一来，自我疏离的、人际疏离的、群体疏离的或半疏离的生活方式有可能长期存在。人们面对面或汇聚在一起参与美育活动的习惯可能受到影响，遭遇更多社会语境的限制，这就对美育提出了新要求。当前和未来一个时期的美育，需要重点探索类似新冠疫情以来疏离或半疏离的生活方式下美育的新方式、新形态及新问题。

第二，就美育传受者来看，大学美育的实施有时不能在面对面、一对多等传统语境下进行，转而以个体或者少数群体的云录制方式制作和传播。一些大学美育讲座或论坛需要线上进行，演讲者在家或在办公场所通过会议软件与同样在家或在办公场所的受众交流。美育传受者在这样的疏离或者半疏离状态中，面对同样处于疏离或半疏离状态的美育受传者，实施远程美育，属于虚拟世界里的美育信息沟通方式。这就跟原来我们习以为常的美育方式有很大的不同，需要研究新的对策。

第三，在美育受传者方面，也就是在美育的受教育者方面，他们以现实中个体而非群体的方式更多地通过数字化平台去接收和享受美育信息。这种疏离或者半疏离生活方式下的美育信息，其接受和传输会失去过去他们习惯和喜欢的面对面进行美育沟通的体验。当过去在大学的教室、会议厅、广场等场所开展的面对面的传授，此刻转变成孤绝状态中的虚拟沟通时，美育受传者的身体与心理状况会变得大为不同。这就需要我们探索和运用与之相适应的大学美育方式。

第四，在媒介方面，美育会越来越多地依靠数字化传播方式以及数字化产品。过去到美术馆、博物馆、文化遗址等参观或游历等，往往可以享受到目睹真迹、原作或身临其境等带来的乐趣，还能产生在同一个物理空间与他人共在的交往体验，而今只能更多地通过数字化渠道、数字产品或虚拟的物态化媒体情境来实现，而且这种替代性实现往往是在孤独情境中获取的，体现出美育媒介的个人化变迁。这种个人的和虚拟的数字化交往以及非面对面的方式，有可能成为美育的通常实施渠道。

第五，随着审美媒介的变化，审美符码会更加注重数字化编码和解码方式，以便契合于个人化体验，也就是适合于孤独个体的体验以及虚拟的群体体验。此时，美育符码会发生分层、分级或分圈等，以便让美育方式适合于不同的学生个人或群体。例如，同样是实施中国古典绘画艺术传统的美育，需要制作针对不同专业、年级、性别、层级的学生美育受传者的审美符码，以便于他们接受，并产生相应的美育效果。

第六，在美育文本方面，也就是在选择适用于美育信息传播的审美对象及艺术作品时，要更加贴近于美育受传者疏离或者半疏离的生活方式，唤起他们的群体生活的共同感。这可能是尤其重要和困难的一点。因为美育受传者单独接受美育，跟身处同一个空间的面对面地和与众多他人共在的体验差别很大。在这里，古典艺术与现代艺术、中国艺术与外国艺术、高雅艺术与大众艺术、正统艺术与前卫艺术、艺术与反艺术、单媒介艺术与跨媒介艺术、纯艺术与实用艺术等会展现出复杂的差异及汇通。尤其是在运用数字化技术平台传播时，有些艺术会表现得更适应，有些艺术会表现得更不适应，这就给美育带来新的困扰。

第七，在审美文化传统方面，需要加强数字化时代本民族文化传统的传承和光大。本民族文化，也叫本文化，与它对立的是外来的异文化、他者文化。在数字化时代，异文化或他者文化对本文化产生这样或那样的影响是常有之事，不必惊奇，更无须产生“御敌于国门之外”的惶恐或慌乱，而是需要在迎接八面来风的坦荡胸襟中加强本文化传统的传承和弘扬，力求挖掘、树立及巩固本文化的主体性地位。面对数字化时代条件下数字艺术产品的同一性或同质化趋势，人们正需要回溯本文化，从民族文化传统中寻找自身的灵魂家园及其传承。这一任务会变得越来越重要，越来越艰巨。

第八，谈论数字化时代的美育，不能不看到，随着数字技术平台的广泛运用，互联网、移动网络、新媒体、大数据、人工智能等多种技术手段越来越深入地介入美育过程，构成美育过程的基本规训方式，审美生命技术政治已然取代自然的、习俗的生命状态，并将其改造和统合到一个庞大而严密的技术网络系统中，使得审美及艺术活动被安置在现代生活方式的技术化制度及其权力系统之中。如此，美育的超越性与现实性、个人性与群体性、民族性与世界性、公开性与私密性等多重关系或矛盾便都处在技术政治的构型及规范的笼罩下。

总之，借助数字化时代美育模型，我们可以作一些新思考。归结到一点，如此特殊语境下的美育方式会变得特别倚重数字化手段，即注重数字虚拟性、想象的自由感、个人化、隔绝化或孤独化等。这会对面对面的现场感、共在感、亲密感及相互交流等构成毫不留情的拆解，从而激发新的矛盾。这样一来，想必美育过程会更频繁地面对亲密感与疏离感的交织、自由感与规范感的结合、愉悦感与恐惧感的交融等情形。在今天这个时代，信息传递和经济的世界性联系已成为不可逆转的历史潮流。诚然，那种有关这种密切的联系可能会停止的预言有一定的合理性，但冷静地看，该进程是不会轻易停止的，而是会以多种方式延续和深化。

这里对数字化时代美育模型的探讨还是初浅的，不过，也不妨就此对大学美育的开展提一些建议。

首先，强化美育的分层教育。例如，艺术专业的美育与非艺术专业的美育需要分开进行。对艺术专业学生，由于他们已受到良好的艺术训练和艺术专业知识教育，所以需要强调跨门类艺术教育、人文素养教育以及在此基础上的美育，包括自然美育、社会美育、科技美育、艺术美育等。对构成大学生主体的非艺术专业学生，虽然他们对艺术只有专业之外的业余兴趣，但还是要坚持蔡元培的理念：为培养一批有能力“预备将来解决中国的大问题”[①] 的领袖型

---

① 《蔡元培全集》第 3 卷，385 页，北京，中华书局，1984。

人才而实施业余艺术兴趣基础上的美育，助力于真正的现代型人格塑造。

其次，突出空间相对隔绝的状态下学生间的共存生活，以及学生与学生之间共同学习的重要性。学习数字化时代的共存，是学生将来进入社会、跟其他社会成员共存的预演。这种学生间的共存以及在共存中对美育的承接是很重要的。

再次，充分利用和开发数字化美育资源。现在不少美术馆、博物馆、艺术院团、音乐厅、剧院纷纷利用数字技术平台开展公益美育活动，这是十分有益的事情。但是，这样的公益性美育是否能够长期持续？这就需要统筹规划。如果没有商业收入，没有资金扶持，这些艺术场馆及院团会入不敷出，难以为继。公益美育要持续，离不开国家、社会、民间等多方面的扶持。

最后，在充分利用美育及艺术教育资源时重视其中的信仰教育及灵魂养成资源的当代意义。人们时常疑惑，美育同艺术教育的区别到底在哪里。这些区别诚然可以从不同方面去探讨，但有一点十分关键：与艺术教育总是要涉及艺术基训、艺术知识、艺术特长的养成相比，美育归根结底是基于感觉愉悦的美好心灵的涵濡，其中特别要紧的是信仰养成。美育要通过在审美与艺术中生成的感性愉悦实现信仰养成。在数字化时代美育中，这一点显得特别重要。美育不等于艺术教育，而是要依托艺术教育，在艺术教育的基础上达成信仰的涵濡。这就是要通过五官感觉的愉悦而产生人生信仰的坚定、稳固、强化与升华。信仰涵濡意味着运用美育方式逐步涵养个体的信仰，活到老而育到老。美育与艺术教育的区分，就在于美育通过审美感官的愉悦或熏陶而涵养心灵、信仰。在这个意义上，美育其实是在以审美与艺术手段培养信仰。

现在提出美育中的信仰问题，也是对五四时期一项尚未完成的现代性工程的接续：中国文化传统的重建问题。具体地说，这是指以古典"心学"为代表的中国精神传统如何实施现代性转化的问题。这里的古典"心学"是一个泛称，指包括儒家、道家和禅宗等体系的多种"心学"在内的综合体，它们共同支撑起中国精神或灵魂信仰体系。合起来说，这是指如何让中国古典"心学"传统获得现代转化，同现代性、经济全球化、人文精神等现代知识型一道，为我们确立信仰根基提供传统支撑的问题。梁漱溟的《东西文化及其哲学》在西方、中国和印度哲学三者之间做了明确的区分："西洋生活是直觉运用理智的"，"中国生活是理智运用直觉的"，"印度生活是理智运用现量的"。[①] 留学欧洲的朱光潜进而在《谈美》中提出"美感"的救治药方，主张："情感比理智重要，要洗刷人心……一定要从'怡情养性'做起，一定要于饱食暖衣、高官厚禄之外，别有较高尚、较纯洁的企求。要求人心净化，先要求人生美化。"[②] 这些都触及通过审美感官愉悦而达成心灵或信仰养成的途径问题。把现代美育与古典"心学"传统的现代转化结合起来，有助于对美育的完整理解。

在美育越来越依赖于信息技术的语境下，有必要予以数字化时代的美育问题更多关注，特别是更加全面和公正地分析数字化技术给美育带来的正面作用与负面作用，既不全盘拒绝也不盲目顺从，既看到其长处也发现其短处，如此方能让大学美育走上健康发展的轨道。当然，说到底，对大学美育来说，真正重要的不是美育技术手段的选择，而是坚守美育的核心目标——美好心灵的养成。

本章摘要

中国美育传统主要体现为个体的与天地和谐的健全人格的养成，主要包括儒家、道家和禅宗的美育精神。美育境界，是从中国式人生境界论理解中国美育传统的结果，认为美育是由以美兴人、以美化人、以美立人、以美和天四种境界组成的持续的个体涵濡过程，目标在于文心涵濡。数字化时代的美育模型是由美育传受者、美育受传者、美育语境、美育媒介、美育符码、美育文本、审美文化传统、审美生命技术政治这八要素组成的相互联系的系统。

---

① 梁漱溟：《东西文化及其哲学》，159页，上海，上海人民出版社，2015。

② 《朱光潜全集》第2卷，6页，合肥，安徽教育出版社，1987。

思考与练习

1. 分别选取一个审美现象，谈谈儒家美育精神、道家美育精神和禅宗美育精神的异同。

2. 比较美育境界论与马斯洛需要层次论，从这个角度谈谈传承中国美育传统的当代意义。

3. 为什么说当代美育的传者同时也是受者？试结合美育实例加以论述。

深度阅读书目

1. 陈鼓应注译：《庄子今注今译（最新修订版）》，北京，商务印书馆，2007。也可阅读其他版本的《庄子》。建议重点阅读《秋水》，感悟道家之“秋水精神”在中国山水画发展中的灵魂作用。

2. 钱穆：《中国文学论丛》，北京，生活·读书·新知三联书店，2002。读者可以透过钱穆对中国文学中个体修养、诗意、人生艺术化之意义的阐发，领略儒家美育精神的特色。

3. 徐复观：《中国艺术精神》，上海，华东师范大学出版社，2001。该书对中国艺术精神的阐发虽过于偏窄，但较能帮助读者体会以庄子为代表的道家美育精神的特色。

4. 方立天：《禅宗概要》，北京，中华书局，2011。该书分历史编、理论编、心性编、禅法编四部分，对禅宗的源流、主要理论命题、精神特质等进行了系统研究，对于读者了解禅宗美育精神的理论基础有一定的帮助。

5. [美]尼葛洛庞帝：《数字化生存》，胡泳、范海燕译，海口，海南出版社，1997。该书富有预见地阐述了数字化时代的生存状况，有助于读者理解数字化技术在美育中的作用。

第三章
自然美育

人栖居于大自然之中，大自然以丰厚的馈赠为人提供了衣食住行的基本物质条件，又通过温暖的怀抱给人以精神的慰藉。然而，自然是在人的生产和生活中被逐步对象化的，当我们提到自然的时候，就已经将其当作审视对象了。人之外的其他生物无所谓自然，它们与自然浑然一体。只有人将自然区分出来，既把自然当作决定自身存在的条件与前提，又把自然当作改造与适应的现实对象。自然以其形状、色彩、质感等感性特征直接引起人的美感，由自然生发出来的美感是人将自然对象化的审美体验。它既不是纯客观的，也不是纯主观的，而是主观与客观统一或交融的结果。苏轼《前赤壁赋》说："惟江上之清风，与山间之明月，耳得之而为声，目遇之而成色，取之无禁，用之不竭，是造物者之无尽藏也，而吾与子之所共适。"[①] 可见，自然蕴含着生动、丰富、深厚的美育资源，是人人都可从中发掘、欣赏和升华的。

自然美所体现的是"自然的审美化"。由于人主观性地选择或赋予，自然美不再是外在于人的无关客体，而是人的主体心灵的对象化成果，处处蕴含着人的心灵状况。这种人对自然的审美化又是自然的人格化的组成部分，即人将自身的心灵状况投射于自然之上，从而将自然内化为人格对象。审美体验是自然人格化的主要类型，但并非所有的自然人格化都是审美体验，也可能是自然崇拜或自然信仰等。或者说，当自然人格化的过程表现为形象性所引发的审美

---

① 王水照选注：《宋代散文选注》，90 页，北京，中华书局，1963。

体验时，自然美就生成了。自然美在人格化的审美倾向上表现出不同的类型特点：有的倾向强调自然美中直接自在的一面，即天然美；有的倾向注重自然人化的一面，即古典美学所说的“如画美”，也就是风光美。无论是天然美还是风光美，都离不开人的主体心灵的投射。

一、天然美

（一）天然物性之美

天然美的第一个层面是物性之美。人在改造自然的过程中，逐步认识到自然存在物的特性。经过文化的筛选，一些自然物会变成人的审美对象，诸如浩瀚的宇宙、无边的大海，它们都在人们无数次凝视和认知的进程中被寄予浓厚的审美经验。人们无数次歌颂它们，把它们当成天神、女神等神格化的幻象，或比作父亲、母亲等人格化的形象。它们无不代表着自然自足自在又至大无涯的性状，而人能从中得到永恒、无限、超越等审美体验，获得对生命意义的深层认同。法国大文豪雨果曾说：“世间有一种比海洋更大的景象，那便是天空；还有一种比天空更大的景象，那便是内心活动。”[①] 雨果以层层递进的手法，揭示了自然物性向人性的升华之路，意思是人的胸怀要宽广豁达，如此才能与自然物性相媲美。雨果借由大海和天空来比喻人的心胸，目的是阐明人生的永恒追求，体现的仍是人的存在意义。就内在的意蕴来说，这也意味着人应超越肉身的局限，在精神上追随天然物性之美，从而获得审美解放与审美自由。

在人的审美观照下，有些自然界无机物的物性会被升华为一种天然趣味，在中国颇具代表性的例子是以玉为美。崇玉心理源于石器时代的石质工具加工，到了山顶洞人时期，精心挑选的砾石会被用来制作项链。这些石制品已经脱离了生产的实用功能，进入人的精神需求领域。这一时期原始宗教已经产生。人们会从自然物中挑选一些物品（如兽骨、贝壳和石块等）进行简单的加工，并将其作为精神象征物佩戴在身上，以“驱邪避祸”。人们对作为精神象征

① ［法］雨果：《悲惨世界》上册，李丹、方于译，226 页，北京，人民文学出版社，2003。

物的石块的选择渐趋精细，玉石以其质地相对透明、色泽光润而成为首选。玉石的物性与审美经验的联结渐趋紧密，并逐步固化下来，诞生了崇玉文化。这一转变发生在距今 8000—5000 年。从东北辽河流域的红山文化，到山东半岛的大汶口文化，再到长江下游的河姆渡文化和良渚文化，它们都将玉石作为神圣的祭品和护佑物（图 3–1）。玉器作为信仰象征物和道德信物在中华文化中凝固下来，一直伴随着人们的生活。尽管历史在演变，但人们对玉的物性之美的推崇未变，这种物性便是玉石的天然性、光泽度、纯净度及色调等。其实人工合成的玉在纯净度等指标上要远远优于天然玉，但人们依然看重天然形成的玉石。这反映出由玉石审美已升华出更深层的天然精神。

图 3–1

红山文化的碧玉龙

与崇玉文化相类似的是宝石审美。祖母绿、红宝石、蓝宝石、绿松石、孔雀石、钻石等都以色彩瑰丽、晶莹剔透、坚硬耐久而被人们推崇和喜爱。其中，天然性是人们首重的品质，人们更青睐那些在自然环境下形成的宝石而非人造宝石。这充分说明世界各地的自然物性审美并不是偶发的，人们对自然物的天然物性的推崇也代表着对自然的信仰，即人们认为自己来自自然，离不开自然，自然比人更具力量。尽管目前阶段人对自然的改造显而易见，但这其实只局限于地球上的个别地区，相对于浩瀚无垠的宇宙，人仍是渺小而脆弱的，况且人类随时面临着引发环境浩劫的可能。

自然界的有机物也会因某个方面的特性而被赋予审美经验。一个鲜明的例子是中国古典文艺中经常出现的梅、兰、竹、菊的题材。

梅、兰、竹、菊的生长遵循着自身的物理天性，只要温度条件、水肥条件、光照条件等适合，它们便能茁壮成长。它们的生长并不取决于人们的歌颂或赞美，尽管在喜爱它们的人看来仿佛如此。中国人对梅、兰、竹、菊的歌颂也是将天然物性转化为审美经验的实例，或者说是把审美经验与天然物性统一起来，以天然物性象征审美经验。宋代画家文同善画竹，苏轼写诗赞扬他："与可画竹时，见竹不见人。岂独不见人，嗒然遗其身。其身与竹化，无穷出清新。"苏轼论说的核心是文同与竹子在画中融为一体了。然而，文同不可能真的像竹子那样依靠光照和水分生存，这里所强调的仍然是文同深谙竹子的天然物性，所以做到了在绘画中完美地表现竹子，这也是苏轼所追求的创作高峰和审美至境：既表现自然物的真实物性，又在表现过程中传达出对天然精神的极度推崇。那么，竹有哪些天然品性？清代画家郑板桥嗜画竹，在他的众多题画竹诗中，我们发现：首先是竹子的径直，其次是竹子的有节，再次是竹子的凌寒不衰等，这些天然物性被郑板桥细细地看在眼里，于是"我有胸中十万竿，一时飞作淋漓墨"（图 3–2）。

（二）天然物态之美

天然美的第二个层面是物态之美，即自然物或自然现象所显现的状态蕴含的天然之美。风、霜、雨、雪是大自然常见的现象，它们常被刻画出诗情画意，但这种刻画显然都离不开其自身特性。例如，同是下雨，雷电暴雨和绵绵细雨带给人的审美体验存在着显著的差别。雷电暴雨象征着激情与冲决，具有壮美的内在意蕴；绵绵细雨象征着思念与愁绪，具有温柔细腻的内核。二者存在天然上的不同，一般不可以用雷电暴雨来比拟思念，也不可以用绵绵细雨来比拟革命热情。日月星辰是自然物，它们所呈现的天然状态也给人以不同的物态之美，或者说它们在审美经验中具有不同的天然属性，常规上人们都不会混用或乱用。例如，太阳的审美意象具有阳刚劲健的品性，月亮的审美意象具有柔和轻软的品性。同理，与日月星辰的运转有关的日出日落、月圆月缺、流星等自然现象也具有特定的审美指向，都与它们各自在物象上呈现出来的特征有密不可分的关联，并不是随机的。

有的艺术家又将天然物态之美推崇为天地间的"至美"，认为

图 3–2

郑板桥《竹石图》

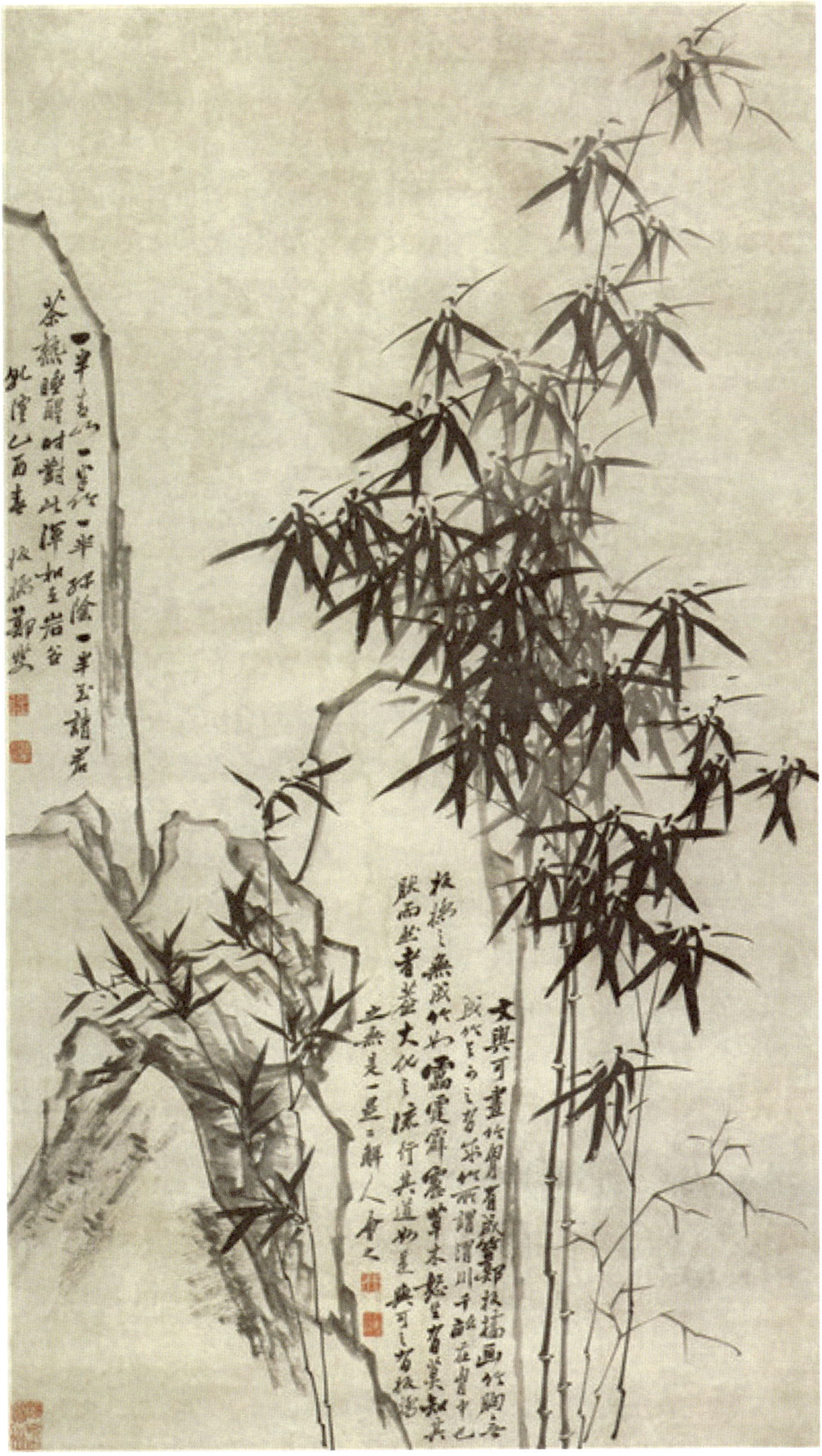

它们胜过了人为创造的艺术美，表现出强烈的崇尚天然物态的审美倾向。庄子说："朴素而天下莫能与之争美。"[①]朴的原意为未雕琢之木，素的原意为未染色之绢帛，庄子的主张鲜明地突出了不加修饰的天然物态之美。庄子在《齐物论》中描述了自然之风的多种状态，称风吹过万物而形成的声响为"天籁"，而"天籁"是世界上最美的音乐，可见他对自然现象的天然状态有着极致追求，在审美经验上给予其至高无上的地位。中国古典文艺在创作论上有"师造化"的说法，历代坚持此论的文艺家不在少数。例如，唐代画家张璪提出"外师造化，中得心源"；宋代画家郭熙提出"身即山川而取之"；明代画家董其昌提出"以造物为师"，文艺家袁宏道提出"师森罗万象，不师先辈"等。他们都宣称以自然现象的天然形态为取法对象，认为只有师法天然物态之美，才能创作出具有大美的文艺作品。

（三）天然精神之美

天然美的第三个层面是精神之美。人们从大自然和万物的天然性状中抽象出一种天然精神，强调减少或完全清除人为的干预，让事物直接凸显其本来面貌，这就是大美。强加人工或过分营造只会削弱美感，导致外表美观而实质丑陋。

李白对写诗经验的总结是"清水出芙蓉，天然去雕饰"，推崇质朴纯洁，毫无雕琢。这里的"天然"便是一种美学精神，是指导李白诗歌创作的主导思想。如果刻意堆砌辞藻，则违背了天然精神，会使文学作品外表华丽而内在枯燥，失去生命力。陈子昂反对南朝时期的不良诗风——"彩丽竞繁，而兴寄都绝"，就是批评其走向了天然精神的反面。苏轼也极为推重天然精神，主张作文"大略如行云流水，初无定质，但常行于所当行，常止于不可不止，文理自然，姿态横生"[②]，又自评称："吾文如万斛泉源，不择地皆可出。"汤显祖以天然精神反对礼教，在《牡丹亭》中借杜丽娘之口高喊："我常一生爱好是天然。"可见文艺家常以天然精神为指引，反对教条，

---

① 陈鼓应注译：《庄子今注今译（最新修订版）》，393页，北京，商务印书馆，2007。

② 王水照、朱刚撰：《苏轼诗词文选评》，241页，上海，上海古籍出版社，2011。

反抗压迫，强调精神自由和个性解放。再如，龚自珍在《病梅馆记》一文中，借写人为地摧折梅树使其呈病态而谋财来比喻统治者钳制人们的思想和个性，摧残人才。龚自珍的主张是“疗之、纵之、顺之，毁其盆，悉埋于地，解其棕缚；以五年为期，必复之全之”①。放开对梅树的绑缚，归还其天性，寓意扫除禁锢人才的高压政策，获得自由。龚自珍以物喻人，正是将先秦庄子以来一直发展着的“全天性”“成大美”的天然精神用在了晚清思想解放运动之中。

二、风光美

人无时无刻不在与包围自身的环境互动着，人的视觉、听觉、嗅觉、触觉等都感受和适应着环境的变化，正如《列子·周穆王》所说：“一体之盈虚消息，皆通于天地，应于物类。”② 自然环境的怡人与人的心情舒畅更是密不可分。风光美是人从自然环境中所获得的审美经验和认识，既包括自然空间上的美感，又包括自然时间上的美感。千百年来，人们无不向往和追求置身于秀美风光之中，风光美已凝结为一种特定类型的自然美，是文艺创作的重要题材和灵感源泉。

（一）景观美

景观美指自然从空间上所呈现的美感。自然界中，山脉的巍峨雄壮、河流的清澈波浪、动物的形态神色、植物的形状色彩等都能引起人的欣赏和赞叹。大自然以美的事物组合成环境，主体通过审美情感加以体验，产生对自然风物的评价，进而上升到道德判断。这一过程是情感与认识的高度统一，是人作为欣赏主体的个性自由的体现，无须外力的强制和规范。相反，如果有外力的强行约束，这种美感就会消失。因此，欣赏自然景观是感性教育、情感教育和审美教育十分可靠的途径。中国现代教育先驱蔡元培就十分推崇自然景观的美育作用，他在《美育与人生》一文中说：“名山大川，人人得而游览；夕阳明月，人人得而赏玩……既有普遍性以打破人我的成见，又有超脱性以透出利害的关系……这种是完全不由于知

---

① 《龚自珍全集》，186 页，上海，上海人民出版社，1975。

② 王力波译注：《列子译注》，70 页，哈尔滨，黑龙江人民出版社，2003。

识的计较，而由于感情的陶养，就是不源于智育，而源于美育。”①可见，景观美并非只是美观而已，它实实在在也是一种人人皆可随时注意和主动投入的审美资源和人生情趣。

由于人类的深度介入，目前地球上自然环境的原始性已然消退，即便是极其偏僻和难行的地方也留有人类的足迹，如南极大陆、亚马孙雨林等。我们当今所探讨的自然景观其实都或多或少渗入了人为因素。当然，景观美也是可以进一步分类的：一是偏重环境原始意味的景观，可称之为“自然景观之美”；二是偏重模拟自然环境的人工景观，可称之为“园林景观之美”。

自然景观在世界各地都大量存在，而且有各自特殊的风貌。例如，中国广东、浙江、江西、福建等省均有丹霞地貌分布。丹霞是由陡崖、红色山块、峡谷瀑布及河溪构成的自然景观，集地质多样性、地貌多样性、生物多样性及景观珍奇性于一体。2010 年，中国丹霞被列入世界自然遗产名录。再如，美国科罗拉多大峡谷苍劲壮丽，地质岩层多样，被称作“活的地质教科书”。

中国地理环境整体落差大，地质条件丰富，山川河流众多，地形多姿多彩，这使中国成为地理环境十分复杂的国家，拥有极为丰厚充足的自然景观。与此同时，中国又有连绵悠久的文明和历史，所以各地的自然景观普遍被纳入文化体系之中，增添了厚实的文化底蕴，更具审美的激发性与想象性。中国人喜爱和赞美这些文化景观，留下了无数与之相关的诗词、绘画等文艺作品。无论是李白《望庐山瀑布》中的“日照香炉生紫烟”，还是苏轼《念奴娇·赤壁怀古》中的“乱石穿空，惊涛拍岸，卷起千堆雪”，都在歌咏大好河山的同时赋予了自然景观以文化记忆。方志敏在《可爱的中国》中说：“至于说到中国天然风景的美丽，我可以说，不但是雄伟的峨嵋，妩媚的西湖，幽雅的雁荡，与夫‘秀丽甲天下’的桂林山水，可以傲睨一世，令人称羡；其实中国是无地不美，到处皆景……这好象我们的母亲，她是一个天姿玉质的美人，她的身体的每一部分，都有令人爱慕之美。”②方志敏对祖国美丽景观的深情赞颂道出了全体中国人的心声。

---

① 蔡元培：《蔡元培谈教育》，80 页，沈阳，辽宁人民出版社，2015。

② 方志敏：《可爱的中国》，113 页，北京，中国青年出版社，2019。

园林景观之美主要指中国传统园林的造景和造境之美。相比世界其他地方的园林造境追求，中国园林重视模拟自然山水风物，得自然之趣。中国园林造园旨趣的内核是古老的天人合一思想，认为人应该与自然融为一体，这与欧洲园林在思想根源上是相异的。中国园林中有帝王修建的皇家园林，它们都是在自然山水中布置楼阁、修整园路的，规模很大，如被淹没在历史风尘中的上林苑，得以留存的承德避暑山庄等。魏晋时代，在避世思想的影响下，士人将私第园林化，建造出模拟自然山水的园林景观，著名的有金谷园等。后来私家园林盛行，苏州的拙政园、扬州的个园等都以模拟自然为依归，园林中有假山、池沼、流水等。这些假山、池沼、流水是自然山脉、湖泊和河流的象征，属于“拟态山水”。中国园林又与山水画合流，重意趣和蕴藉，熔铸出丰富多彩的造园技巧和妙思，形成了独特的人造景观之美。

（二）季节美

季节美指自然在时间上所呈现的美感。自然在时间的流转中变换着风物，宛如杰出的画师，每个季节都会奉上令人惊叹的画作。自古以来，歌咏季节风物的诗词歌赋灿若繁星，多不胜数。例如，杜甫的《春夜喜雨》中有“好雨知时节，当春乃发生。随风潜入夜，润物细无声”，描绘了春天的雨。诗人既写出了春雨的细密形态，又赞美它滋润万物的功用，所描绘的场景与季节关联紧密。再如，孟浩然之《春晓》、贺知章之《咏柳》、韩愈的《早春》等，也都是我们耳熟能详的咏春名作。与咏春诗词一样，吟咏夏景、秋景、冬景的文学佳作也不可胜数。例如，咏夏诗有杨万里的《小池》、咏秋诗有刘禹锡的《秋词》、咏冬诗有岑参的《白雪歌送武判官归京》，皆随手可拈。宋代画家郭熙在《林泉高致》中说：“春山烟云连绵人欣欣，夏山嘉木繁阴人坦坦，秋山明净摇落人肃肃，冬山昏霾翳塞人寂寂。”[①]就是同一座山脉，四时风貌也差别很大，是所谓“四时之景不同”也。

春看桃李，夏赏荷花，秋拾红叶，冬观雪松，这些随着季节变

---

① 北京大学哲学系美学教研室：《中国美学史资料选编》下册，14 页，北京，中华书局，1981。

换而呈现的景象带给人们不同的审美体验。人在四时景物的转换中也获得了感性立体的刺激，产生了对生命的深度体验和对生活意义的思考。春花秋月，草木荣枯，四季流转。季节风物不知不觉中净化着人们的心灵，人们于耳濡目染中接受着美感的熏陶。人应该主动投入对季节美的欣赏和感悟，在季节美中培养美好的情操，提升精神境界。

季节美还与人主动适应自然变化以求健康长寿的愿望密切相关。相比大自然四季轮回的伟力，人的力量毕竟是有限的，最合理的选择便是适应它，与时偕行，并在偕行中发现令自身愉悦的事物。人类在漫长的进化史中，身体和心灵都建立起与季节变化相顺应的本能反应，这在人们饮食与居住的细节中都有明显的迹象。违背这一规律的行为显得“另类”，很难带来真正的愉悦，故而也就无所谓美感。实际上，每个季节都有其美好之处，人们投身其中，发现和体味季节之美，会赏心悦目，精神舒畅，获得无限的乐趣。

三、生态美

人类进入工业文明以来，征服自然和改造环境的能力大大增强，仿佛逐渐与自然分离而存在于独立的社会圈或个体活动世界之中。与此同时，自然环境的剧烈变化，尤其是自然灾害的强度和破坏力引起了人们的警觉。一种反思人类征服行动和工业成就的思潮蔓延到各个学科领域，促成了生态学的诞生。所谓“生态学”，就是研究生命体（包括人类）与其生存环境之间相互关系的自然科学，它深刻改变了人们的思想认识。生态学与艺术、美学等的结合促使追求生态美变得深入人心。中华文明从起源时代起就具有整体生态的视角，天人合一思想便是其集中体现，时至今日仍具有巨大的启发价值。

（一）天人合一

中国古代思想之内核是天人合一，它产生于中国最古老的、最初始的思想层。上古典籍《周易》就集中阐述了天人合一的思想，而它也成为儒家和道家共同尊奉的经典。这说明，不管是儒家还是道家，都推崇天人合一。天人合一思想对中国文化的影响非常深远，演化出“天人同律”“天人同构”“天人同类”“天人同象”“天人同数”等学说。天人合一在现代生态学视野里具有新的启示，就是突破人类中心主义，唤醒人与自然协调共生、和谐相处的意识，建设人类诗意栖居的自然家园。

中国古代思想中的天人合一观念在三个层面富于启迪性。

第一，自然界的普遍规律和人类的生存原则相统一。古人认为，上天的运行规律和人的内心追求相契合，天道与人道是合一的。《周易》通过对乾卦的阐发，从太阳无间断东升西落的运动中，生发出刚健有为的社会伦理，影响了中国的民族精神和文化品格。《周易》说“天行健，君子以自强不息”，恰恰表达了自然规律与人的道德原则的统一性。自然有自己的运行规律，不以人的意志为转移。君子应该遵循这一规律，在道德原则上自强不息。坤卦则以大地上四季流转的规律为依照，概括出“厚德载物”的道德准绳，它也构成了中华文化的一大核心道德原则。人源起于自然，与自然一体，应该尊重自然。人不应该把自然看作任凭我们掠夺的对象，而应将自然看作我们赖以生存的母体。自然的规律必将左右人类的发展，影响人类的命运。人破坏了自然，自然会给人以惩罚。工业革命以来，人对自然的敬畏感渐消，进入无尽的征服与索求的状态。自然在人的面前仅是被动的对象，而这也屡屡导致自然对人类社会无情的报复，人类的生存环境每况愈下。这违背了自然规律，违反了人与自然和谐并存的要求。

第二，天的精神与人的精神相通。这里并不是说“相同”，而是说“相通”，也就是说天道（或自然精神）虽不能和人道完全对应起来，但可以被认识或把握。荀子言：“天有其时，地有其财，人有其治，夫是之谓能参。”[①] 人与万物都生于天地间，世间一切事物的演化和运动都有着趋向一致的特性。天地有寒来暑往，万物有荣枯，人有生长和衰老。时空合一，天地人合一。这句话体现在美学观念上，就是主张人应该回应自然之道。在古人心目中，美的最高境界就是回到人与自然相融一体的状态，因此要重视体验和认识自然精神，即如《周易·系辞》所言，“观物取象”，“立象以尽意”，“以通神明之德，以类万物之情”。

---

① 王先谦撰：《荀子集解》，沈啸寰、王星贤点校，308页，北京，中华书局，1988。

第三，人与自然之间存在着互动关系。《周易》认为天、地、人是世间最可贵的事物，人与天、地相参，身体和自然之间存在着互动关系。人的生理节律也随天地四时之运动变化而变化。中医理论认为，随着自然界气息的消长，人体的气息会发生相应的改变。同气相求，同类相应；顺则为利，逆则为害。其根本出发点，其实也是天人合一的思想。人能通过调整自身的行为和状态，使自己和外部自然环境统一起来，达成一种良性的互动。

在现代审美语境下，天人合一也意味着一种生态美学的境界，或者说一种心物相融的艺术化形态，即打通物我阻隔，将宇宙万物与生命体验视为浑然一体的同构关系。自然既是人赖以生存和发展的客观自然条件，是人劳动、生息的必要场所，也是人保持生理、心理平衡所不可缺少的伴侣。自然会给人以生命意义的感悟和富于诗意的启迪，使人强烈地感到生命的存在和人性的自由。宇宙本身及其间演化之万物被视为生命形式，生存就是个体与宇宙生命互动的审美体验，人的心意会融入与万物律动协调一致时产生的超然时空。即便是最平凡的最常见的自然事物，诸如一片绿叶、一泓清泉、一丛野花，也会令人产生对世界万物的喜爱，并产生对美好事物的向往。因此，我们从自然那里得到的不仅是物质的满足，还有精神的愉悦、审美的享受和积极的休息娱乐，从而使生活充满情趣。

（二）生态协调

科学的不断进步促使人类对自然的理解日益全面而深刻，我们能超越纯粹美学的感性描述而深入自然事物的内部，更加细致地了解和认识其物理或生物特性。这便要求我们追求一种完善的、深入的、专业的生态美学知识结构：我们不仅要欣赏自然美的形色、声音、气味等感性特征，而且要掌握和运用自然科学知识，构建更有深度的现代生态美学。这种新型生态美学的核心便是“生态协调”。生态协调较之于生态平衡更能体现人的能动性，因为生态总是自然而然地取得平衡的，即便被强加了盲动的改造，也会在遭受破坏后达成一种新的平衡，只不过人类在此过程中会付出惨重的代价，甚至被排除在新的平衡之外。生态协调则是人类主动地调整自身的行为，使之符合生态规律，在经济发展过程中降低物耗、能耗，减轻污染物排放，实行废料资源的综合利用和原料的深层次加工，同步提高社会效益和生态效益，从而为人的再生产提供良好的生态环境。

现代生态审美需要建立在自然科学常识的普及之上，我们不能只停留在古典的形式表象上欣赏自然事物的感性特征，而是要建立现代科学范畴内的生态审美体系。这就需要了解自然常识，包括地理的、生物的、物理的和生态的基础知识。科学知识能够帮助人们透过事物的表象而直达深层的运行原理和机制，揭示自然对象和环境的真实状态及审美表现。此外，我们还应掌握自然演化史和生态发展史的一般认识。这些认识能解释人的生存环境现状，帮助我们规避破坏，达成欣赏美、维护美的可持续生态建设目标。当然，我们更需要不断增强环境保护意识，走出人类自我中心主义，将人类视为自然共同体中的一员，合理利用自然。如此，我们的自然审美就是感情与认识统一的、道德和规律协调的、感性与理性融合的、由表及里又全面合理的现代生态审美。

本章摘要

自然美是人的审美活动的重要领域。自然蕴含着丰厚的美育资源，人人都可从中发掘美、欣赏美。自然美体现了人主观性的选择或赋予，并不外在于人，而是处处蕴含着人的意志品格。当自然人格化的过程表现为形象性所引发的审美体验时，自然美就生成了。自然美在人格化的审美倾向上又表现出不同的类型特点：一种倾向是强调自然美中直接自在的一面，即天然美；另一种倾向是注重自然的人化，即古典美学所说的“如画美”，也就是风光美。天然美的第一个层面是物性之美，第二个层面是物态之美，第三个层面是精神之美。风光美是人从自然环境中获得的审美经验和认识，已凝结为一种特定类型的自然美，从空间和时间两个维度加以呈现。当代生态学与艺术、美学等的结合促使追求生态美变得深入人心。中华文明从起源时代起就具有整体生态的视角，最核心的天人合一思想便是其集中体现。现代生态美学要建立在自然科学常识的普及之上，促使我们追求一种完善的、深入的、专业的生态美学知识结构，那就是感情与认识统一的、道德和规律协调的、感性与理性融合的、由表及里又全面合理的新型自然审美。

思考与练习

1. 请结合审美活动或艺术创作实例谈谈对天然美的认识，并阐释其内涵及特点。

2. 请结合自身经历和体悟，谈谈自然美在生命情怀、人生体验和身心健康方面的重要作用。

3. 现代生态审美体系对人提出了哪些基础知识的要求？如何做到自然审美中感性与理性的融合？

深度阅读书目

1. 陈鼓应注译：《庄子今注今译（最新修订版）》，北京，商务印书馆，2007。也可阅读其他版本的《庄子》。其中，《齐物论》先以天籁之喻表达了真实自然的声音才最美妙这样一种崇尚天然美的观点，接着又从“齐物”和“齐论”两个角度阐发了万物浑然一体并且不断向其对立面转化的思想。

2. 王一川：《新编美学教程（修订版）》，上海，复旦大学出版社，2011。该书是遵循美学当代性与美学传统性相互交融的理念、采用新体例编撰的美学教材，个案丰富，观点新颖，阐述深入，适合中等程度以上读者阅读，有助于拓展和加深读者对审美现象的认识。

3. 曾繁仁：《生态美学导论》，北京，商务印书馆，2010。该书倡导建立中国特色的现代生态美学体系，综合中西古今资源，阐述了生态美学的概念，包括生态美学的产生、理论指导、中西资源、理论内涵以及发展路径等内容。

第四章
社会美育

社会属性是人的又一显著特征。人类社会中存在着大量的社会美，从人自身的体貌到社会风尚，审美表现和传达几乎无处不在。因此，社会美育必然是审美教育的一个重要类型。

一、人的艺术性与社会性

“人，天地之性最贵者也。”东汉许慎在《说文解字》中这样解释“人”的本初意义。公元前5世纪，希腊智者普罗泰戈拉高喊：“人是万物的尺度。”赫拉克利特也说：“最美丽的猴子与人类比起来也是丑陋的。”文艺复兴时期，莎士比亚借哈姆莱特之口称颂道：“人类是一件多么了不得的杰作！多么高贵的理性！多么伟大的力量！多么优美的仪表！多么文雅的举动！在行为上多么像一个天使！在智慧上多么像一个天神！宇宙的精华！万物的灵长！”时至今日，人类更有理由肯定自己，赞美自身。哲学家冯友兰在《新原人》中谈到人“为人行事，亦往往表现一种美的价值”，“大凡人的奇特怪异底品格或行为，就其本身看，都可成为一种赏玩赞美的对象”。冯友兰以“才人英雄”为例，分析道：

> 天地间底名山大川，奇花异草，以及鸷鸟猛兽，不但是没有很高底境界，而且简直是说不上有境界，但它们都是可赏玩赞美底。才人英雄的为人行事，往往如奇花异草，鸷鸟猛兽，虽可令人恐惧愤恨，但亦可令人赏玩赞美。例如才人多疏狂不羁，英雄多桀骜倔强。疏狂不羁，桀骜倔强，亦是一种价值，

一种美的价值。例如项羽乌江一败，所遇亭长，劝其回王江东，他笑说："天之亡我，我何渡为？且籍与江东子弟八千人，渡江而西，今无一人还。纵父老怜而王我，我何面目见之？纵彼不言，籍独不愧于心乎？"其桀骜倔强，不肯受人怜，使千百世下闻者，亦觉其"虎虎有生气"。拿破仑为欧洲近代的大英雄，但其俯首就擒，居荒岛，死牖下，就其一生说，真如艺术作品中底一个败笔，比项羽之慷慨自杀，不及远矣。大凡人的奇特怪异底品格或行为，就其本身看，都可成为一种赏玩赞美的对象。即如《世说新语》中所说"任诞"，"简敖"，"汰侈"，诸种行为，亦大都可使人传为"美谈"。其所以可成为"美谈"，因此等行为的本身，表现一种美的价值，可成为赏玩赞美的对象。①

在冯友兰看来，人的仪表、言谈、举止、行为等许多方面都具有美学的价值，能唤起人们不同的审美感受，而才人英雄尤其具有这样的审美品质。但是人作为艺术品，又不同于一般意义上的艺术品。人即使在生物意义上也是会制造工具，会使用语言的高级动物，更何况人总是社会中的人，是"各种社会关系的总和"。五光十色的生活，形形色色的人，其中既有假恶丑，又有真善美。人们能否感觉到生活的美好，感觉到同类的善良、高尚？这其实关涉活着的意义。而能够带来真善美的人，无论是才子英雄，还是普普通通的人，都必定像艺术品一样闪耀着美的光芒。

人也总是某种物质环境和文化环境中的人。人一生下来，就被抛入了个体无法自主选择的物质环境和文化环境。除去先天的生物学遗传因素，后天的文化塑造往往可以决定一个人的精神、气质、人格。文化和艺术既是一代又一代人的创造物、沉积物，又滋养、涵濡着一代又一代的人。在自然美和各种各样的艺术美之外，人与人之间直接的濡染、言传身教，良好的社会关系网络和淳朴的习俗风尚等都直接作用于个体精神人格的成长。这就是本章所要讲的社会美育，它包括人体形式美、人格精神美、社会风尚美。

① 冯友兰：《新原人》，103 页，北京，生活·读书·新知三联书店，2000。

二、人体形式美

言说人的身体，有很多不同的角度，除生物学（医学）、社会学、政治学、伦理等角度以外，还有美学的角度，即把人的身体当作艺术品，研究与人的容貌、身材、服饰等相关的审美现象，以及艺术作品中的人的形象和想象。身体美育的一个目的在于，解释身体美学现象并形成一种有益的审美意识，培养健全的人格。

“身体不能与自然物体作比较，但能与艺术作品作比较。在一幅绘画或一段乐曲中，观念只能通过颜色和声音的展现来传递。”① 这是法国现象学家关于身体的一种论述。身体不能被比作物体，只能被比作艺术品。认识身体正如认识一首诗、一部小说、一幅绘画或一段音乐，必须通过视觉或听觉等来把握外在的文字、颜色、声音。人的身体无疑是具有纯粹形式感的存在。说到人体形式美，我们很容易联想到中国古人的说法，如“女为悦己者容”，“环肥燕瘦”，“楚王好细腰，宫中多饿死”；《诗经》也常常赞叹美人“巧笑倩兮，美目盼兮”，“手如柔荑，肤如凝脂”，“有美一人，婉如清扬”。我们脑海中或许还会涌现出古希腊、古罗马雕塑中堪称完美典范的人体造型，如《掷铁饼者》《米洛斯的维纳斯》《胜利女神》《拉奥孔》，以及文艺复兴时期米开朗琪罗的《大卫》和法国艺术大师罗丹的一系列人体雕塑作品。除立体的雕塑外，绘画、摄影、影视等也以自己独特的艺术语言从各个方面发现、展示着人体形式美。在艺术作品中，人的美是被间接描绘和展示的；在社会生活中，人则直接生动地呈现着自己的美。

（一）外在容颜美

《世说新语》中的人物品藻，主要内容之一是肤色、容貌，包括五官（尤其是眼睛）、举手投足的姿态等纯粹外在的形式美。例如，称赞手的白皙：“王夷甫容貌整丽，妙于谈玄，恒捉白玉柄麈尾，与手都无分别。”夸奖脸的白净：“何平叔美姿仪，面至白。魏明帝疑其傅粉，正夏月，与热汤饼。既啖，大汗出，以朱衣自拭，面色转皎然。”再如，王羲之称杜弘治为“神仙中人”，“面如凝脂，

---

① ［法］莫里斯·梅洛－庞蒂：《知觉现象学》，姜志辉译，199页，北京，商务印书馆，2001。

眼如点漆”；裴楷称王戎“眼烂烂如岩下电”。潘岳的故事则说明了俊美外貌的吸引力：

> 潘岳妙有姿容，好神情。少时挟弹出洛阳道，妇人遇者，莫不连手共萦之。左太冲绝丑，亦复效岳游遨，于是群妪齐共乱唾之，委顿而返。

《世说新语》在品藻人物时也区分了外在美与内在美，即“肤清”和“神令”。“或问：‘杜弘治何如卫虎？’桓答曰：‘弘治肤清，卫虎奕奕神令’。”[①]“神令”就涉及下一节要讨论的人格精神美。

回到当下生活，我们发现，一方面，人们很喜欢美的外貌、美的姿容、美的服饰：杂志封面上展示着俊美靓丽的男女，无处不在的高清屏幕闪耀着自拍照、摄影写真等。这样的景象多少有些“生活模仿艺术”的味道，或许这也是生活与艺术分界线消弭的表征。另一方面，美容成为遍布全球的产业，吸引着越来越多的从业者和消费者。以中国为例，有报道称，中国已经成为全球美容产品生产和消费大国。全国美容机构数百万家，从业人员上千万人。[②]对容貌的美化成为推动产业经济发展的直接动力。古人的美容处在“傅粉施朱”的初级阶段，现代医疗美容行业已经可以对形体、五官等实施干预、修复。但如果对美容过分迷恋，也会带来负面后果：过度美容会造成不可挽回的生理损伤。显然，追求容貌美也有“度”的问题，或许庄子的话即为一种提醒：“彼正正者，不失其性命之情。故合者不为骈，而枝者不为跂；长者不为有余，短者不为不足。是故凫胫虽短，续之则忧；鹤胫虽长，断之则悲。”[③]翻译成白话，就是说要尊重人的自然本性。长或短只要“不失其性命之情”，就是美的。正所谓：“短长肥瘦各有态，玉环飞燕谁敢憎。”[④]

---

① 本章所涉《容止》《品藻》等篇，均引自龚斌校释的《世说新语校释》（上海古籍出版社 2011 年版），不再一一标出页码。

② 《报告预测：2020 年我国美容产业年产值将超过 1 万亿元》，中国政府网 https://www.gov.cn/xinwen/2017-10/27/content_5234855.tml，访问日期 2021-05-11。

③ （清）郭庆藩撰：《庄子集释》，王孝鱼点校，317 页，北京，中华书局，1961。

④ （清）王文诰辑注：《苏轼诗集》，372 页，北京，中华书局，1982。

（二）均衡和谐美

古希腊医生噶伦说："身体美确实在于各部分之间的比例对称。"[1] 甚至西方古典时代的建筑都在模仿人体，神庙的均衡要与"漂亮的人体相似"：

> 神庙的布置由均衡来决定。建筑师必须最精心地体会这一方法……实际上，没有均衡或比例，就不可能有任何神庙的布置。即与姿态漂亮的人体相似，要有正确分配的肢体。……

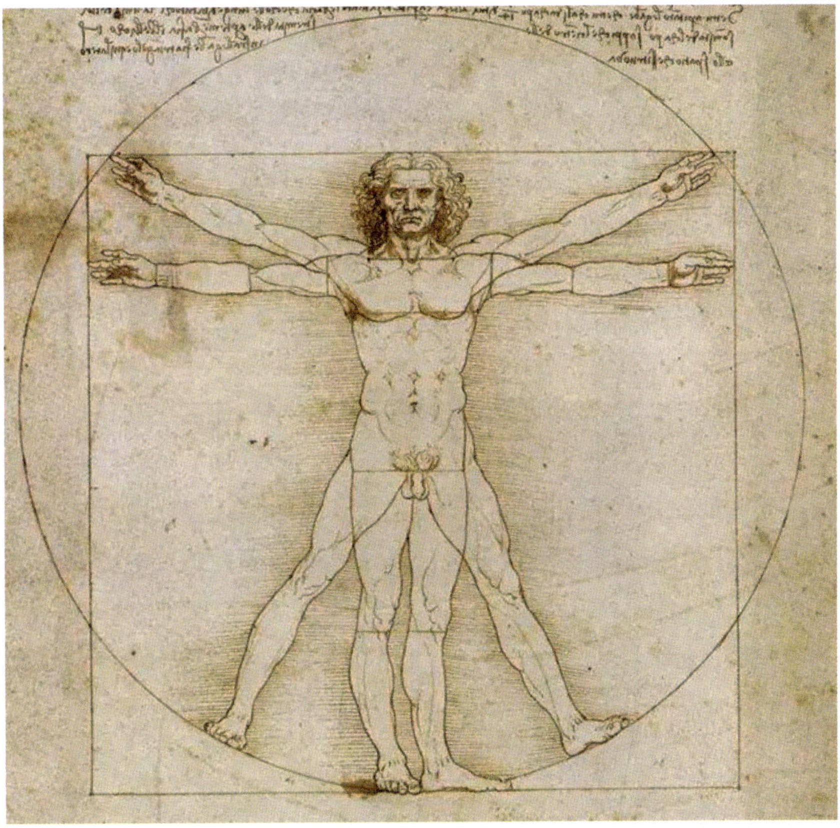

图 4–1

达·芬奇《维特鲁威人》

> 神庙的细部也必须使其各个部分有最适合总体量的计量上的配称。在人体中自然的中心点是肚脐。因为如果人把手脚张开，作仰卧姿势，把圆规尖端放在他的肚脐上作圆时，两方的手指，脚趾就会与圆相接触。不仅可以在人体中这样地画出圆

① 北京大学哲学系美学教研室：《西方美学家论美和美感》，14 页，北京，商务印书馆，1980。

形，而且还可以在人体中画出方形。即如果由脚底量到头顶，并把这一计量移到张开的两手，那么就会高宽相等，恰似地面依靠直尺确定成方形一样。①

文艺复兴时期的美学家高里古斯在《论雕刻》中发出惊叹："我想问，那构造人的，是怎样的几何学家呀！"②

与人造的艺术品相比，人体是自然的造物，是自然的一部分，自古就被认为是凌越于艺术之上的"完美作品"。按照人体比例结构去建造神圣居所或人类栖居之地，这是"艺术模仿自然"。

（三）活力美

活力是生命最直接的表征，反映着整体的生命之美。肯定人的活力就是在肯定人的生命价值和自我意识。罗素总结了现代人最重要的四种品质，居于首位的就是"活力"："活力可以使人对周围出现的一切事物发生兴趣，由此而增进认识的客观性，而客观地认知事物是心智健全的本质因素……活力可以增进人们对于外在世界的兴趣；它还能够提高人们从事艰苦工作的能力。"③罗素强调"活力是一种所有人都应当具备的重要品质"。柏拉图也借苏格拉底之口谈到身体的活力："如果它（指身体——引者注）适宜于赛跑和角斗，我们就认为它美。"④体操、摔跤、拳击竞技台上运动员的力与美，引得观众啧啧赞叹；挥洒汗水、激情碰撞的足球、篮球运动员带给观众久久难忘的体育审美体验。

我们也要看到，人的活力之美尤其体现在年轻时代，具有阶段

---

① ［古罗马］维特鲁威：《建筑十书》，高履泰译，71～72页，北京，知识产权出版社，2001。后来达·芬奇根据维特鲁威的设想，绘出著名的《维特鲁威人》（图4-1）。

② 转引自［波兰］瓦迪斯瓦夫·塔塔尔凯维奇西：《西方六大美学观念史》，刘文潭译，135页，上海，上海译文出版社，2006。

③ 罗素说："在我看来，构成理想品质的因素有四：活力、勇气、敏感、智能；我并不认为只要有这四个要素就足够了。但是，这些要素却可以把我们带上成材之路。而且，我还确信，通过在身体上、感情上、智力上对孩子们加以辅导关照，他们就可以普遍获得上述四种品质。"参见［英］伯特兰·罗素：《罗素自选文集》，戴玉庆译，141页，北京，商务印书馆，2006。

④ ［古希腊］柏拉图：《柏拉图文艺对话集》，朱光潜译，55页，北京，人民文学出版社，2008。

性。恰如古希腊哲人所言："身体的有力和美是青年的好处，至于智慧的美则是老年所特有的财产。"[①] 但这也不是绝对的，今天人们可以更持久地保持活力美。

三、人格精神美

如果说衡量人的外在形式之美，包括欣赏人的外在形态，如身材、容颜、姿态等显性的美，那么对一个人的内在品质，如才华、气质、智慧、风神、气韵等隐性因素进行个别或综合的审美评价，则难度更大。人们或许很能理解孔子的感慨："吾未见有好德如好色者也。"[②] 西方智者也提醒人们："身体的美，若不与聪明才智相结合，是某种动物性的东西。"[③] 人若仅仅停留于外在的、形式上的美，没有一种内在的美，那么这种外在形式之美往往靠不住。在古希腊哲学家看来，心灵美与身体美谐和一致是最美的：

> 苏：对于有眼睛能看的人来说，最美的境界是不是心灵的优美与身体的优美谐和一致，融成一个整体？
>
> 格：那当然是最美的。
>
> 苏：最美的是否也就是最可爱的？
>
> 格：当然。
>
> 苏：那么，真正懂音乐的人就会热烈地钟爱这样心身谐和的人们，不爱没有这种谐和的人们。
>
> 格：不错，爱人至少要在心灵方面没有欠缺，如果只是身体的欠缺，那还不失其为可爱。[④]

人格之美亦有各种表现形式。圣贤孔子在门人眼中"温而厉，威而不猛，恭而安"，呈现出温和有威仪、貌恭神静的哲人形象。

---

① 北京大学哲学系美学教研室：《西方美学家论美和美感》，17 页，北京，商务印书馆，1980。

② 杨伯峻译注：《论语译注》，93 页，北京，中华书局，1980。

③ 北京大学哲学系美学教研室：《西方美学家论美和美感》，16 页，北京，商务印书馆，1980。

④ ［古希腊］柏拉图：《柏拉图文艺对话集》，朱光潜译，51 ～ 52 页，北京，人民文学出版社，2008。

亚里士多德对柏拉图的态度是“我爱我师，我更爱真理”，显示了“为真理”的非凡勇气。他那求真的精神无疑也是美的。杜甫“安得广厦千万间，大庇天下寒士俱欢颜”的仁爱之心，同样是人格之美的表现。古希腊人的审美理想也体现在“kalokagathia”（至善至美）这个词中。其中，“kalo”指美（美好的仪表、强健的身体），“agathos”表示善（出类拔萃的、高贵的品格）。善紧跟着美，足见古希腊时代人们对美与善亲密关系的理解。

柏拉图的《会饮篇》谈到了人的精神境界的逐级提升：“应从幼年起，就倾心向往美的形体。如果他依向导引入正路，他第一步应从只爱某一个美形体开始，凭这一个美形体孕育美妙的道理。第二步他就应学会了解此一形体或彼一形体的美与一切其他形体的美是贯通的。这就是要在许多个别美形体中见出形体美的形式。”[①]接着，“把他的爱推广到一切美的形体，而不再把过烈的热情专注于某一个美的形体，就要把它看得渺乎其小。再进一步，他应该学会把心灵的美看得比形体的美更可珍贵，如果遇见一个美的心灵，纵然他在形体上不甚美观，也应该对他起爱慕，凭他来孕育最适宜于使青年人得益的道理。从此再进一步，他应学会见到行为和制度的美，看出这种美也是到处贯通的”[②]。然后，“他应该受向导的指引，进到各种学问知识，看出它们的美”[③]。美好似引路人，指引着年轻人从具体单一的美走向真、善、美相融贯通的丰盈广阔的“大美境界”。

谈到这里，不由得想起冯友兰的人生境界论。他根据“人对于宇宙人生底觉解的程度”和“宇宙人生对于人所有底不同意义”把人生境界分为四种：自然境界、功利境界、道德境界、天地境界。“道德境界，及天地境界，是精神的创造，不是自然的礼物，人顺其自然底发展，即可得到自然境界或功利境界。但任其自然发展，人不能得到道德境界或天地境界。人必须用一种工夫，始可得到

---

① ［古希腊］柏拉图：《柏拉图文艺对话集》，朱光潜译，214 页，北京，人民文学出版社，2008。

② ［古希腊］柏拉图：《柏拉图文艺对话集》，朱光潜译，214 ～ 215 页，北京，人民文学出版社，2008。

③ ［古希腊］柏拉图：《柏拉图文艺对话集》，朱光潜译，215 页，北京，人民文学出版社，2008。

道德境界或天地境界。”如果仅就人格精神不断超越身体性（自然境界），走向更高境界来说，柏拉图之说与中国儒家强调人格气象、精神境界似乎是一致的。冯友兰在多年后回忆校长蔡元培时说：

在北京大学的时候，没有听过蔡元培的讲话，也没有看见他和哪个学生有私人接触。他所以得到学生们的爱戴，完全是人格的感召。道学家们讲究“气象”，譬如说周敦颐的气象如“光风霁月”。又如程颐为程颢写的《行状》，说程颢“纯粹如精金，温润如良玉，宽而有制，和而不流。……视其色，其接物也如春阳之温；听其言，其入人也如时雨之润。胸怀洞然，彻视无间，测其蕴，则浩乎若沧溟之无际；极其德，美言盖不足以形容”（《河南程氏文集》卷十一）。这几句话，对于蔡元培完全适用。这绝不是夸张。我在第一次进到北大校长室的时候，觉得满屋子都是这种气象。[①]

冯友兰认为是蔡元培把他引向了一种“很高的精神境界”的门口。生活中常言所谓“人格魅力”者，想必就是如此。司马迁在《史记·孔子世家》中写道：“高山仰止，景行行止，虽不能至，然心向往之！”青年人的精神成人过程常常在耳濡目染中进行，能遇到先贤并心向往之，真乃幸事。

人格精神美也分层次。有圣贤先哲的“天地境界”，也有普通人的“道德境界”“功利境界”等。圣贤稀少，凡人常见。强调多数人平凡普通的一面，当然不是否认更高远的人生境界，而是正视人性和人的现实情况。法家代表人物韩非子对人性有一个期待：不作恶。他的原话是：“夫圣人之治国，不恃人之为吾善也，而用其不得为非也。”[②]这样的期待是符合人性实际的。学者何怀宏也提出了“底线伦理”的问题[③]，借用了孔子告诫弟子的一句话：“己

---

① 冯友兰：《三松堂自序》，359页，北京，生活·读书·新知三联书店，2009。

② （清）王先谦撰：《韩非子集解》，钟哲点校，461页，北京，中华书局，2003。

③ 何怀宏：《底线伦理的概念、含义与方法》，载《伦理学》，2010（6）。

所不欲，勿施于人。”孔子这句话真可谓千古不易的“黄金法则”，说出了人格精神境界的最低要求。如果人们都能够守住这样的“底线伦理”，整个社会的风尚必然是积极健康的。“底线”或许说不上什么境界，但却是实实在在不可或缺的。高山需仰望，但并非人人都是高山，千千万万平凡的人如大地一样默默支撑着一切。因此，我们谈到人格精神美，需要看到人们“远近高低各不同”的一面，尤其需要看到最低的层面，那里往往才是人性之美的起点。那不可逾越的底线随处可见。例如，为人不说假话，会计不做假账，科学家论文不造假，记者如实报道，医生实事求是地诊断。守住底线，就是守住良知，就是走好人生的道路。

四、社会风尚美

《大希庇阿斯篇》同样借苏格拉底之口说到了社会美，涉及制度习俗和美的有用性：“那么，希庇阿斯，我们是否承认一切事物，包括制度习俗在内，如果在实际上真正美，就会在任何时代都被舆论一致公认其为美呢？”

苏格拉底和希庇阿斯又展开了如下对话：

> 苏：这就等于说，有益的就是美的，是不是？
>
> 希：当然。
>
> 苏：所以美的身体，美的制度，知识以及我们刚才所提到的许多其他东西，之所以成其为美，是因为它们都是有益的？
>
> 希：显然如此。
>
> 苏：因此，我们认为美和益是一回事。[①]

我们知道，人总是社会中的人，不能脱离特定的时代。地球上的人有的依山傍水生活，有的在高地上生活，有的祖祖辈辈在平原地带生活。这些山、水、高地、平原属于自然条件，看得见摸得着。还有一种存在叫“社会风尚”，似乎如风一般处处可被感知，时时可被言说，却并不是伸手可触的，需要通过具体的媒介来显示其存

---

① ［古希腊］柏拉图：《柏拉图文艺对话集》，朱光潜译，156页，北京，人民文学出版社，2008。

在，就如一幅画需要通过颜色、笔触、线条、构图等来实现一样。社会风尚有时等同于“社会文化”或“社会风气”，这里用“风尚”一词，是强调其变动的历史性及其向善向美的方面。

影响社会风尚的因素很多，如自然环境、科技、文化、传统观念、经济、法律、宗教、社会制度等。今天的科技和信息革命自然会影响到社会风尚。例如，随着手机、互联网的普及，数字生活成为一种社会风尚。上文提到的美容之风，也可算是消费主义时代的景观。改革开放以来，中国的经济发展取得了举世瞩目的成就，国家软实力也有了进一步的提升。社会风尚体现在日常生活、衣食住行、婚丧嫁娶和复杂多变的社会关系中（也包括虚拟空间），承载社会风尚的是千千万万有着七情六欲的饮食男女。各行各业的人们每天穿衣吃饭，劳作栖居，其言语、行为时刻都表征着时代的风尚。

良好的社会风尚是真善美的合一，人是社会风尚最直接的体现。社会风尚美强调的是整体的社会环境（自然和人文）对人的濡染和化育。身心健康，家庭和睦，邻里友善，法律健全，社会保障良好，行为办事守底线，这样的个人、家庭和社会无疑是美的。

本章摘要

人是社会的主体，是各种社会关系和角色的总和。社会美育使人认识到自己的美，认识到人是活生生的生命意义的来源。经由外在容貌美、均衡和谐美、活力美等，我们能由外而内达到理解自身和他人的人格精神美，进而理解和增进社会风尚美。社会美育的过程就是青年人寻求自我意识，建立稳固的人格根底，精神成人的过程。

思考与练习

1. 怎样理解人的艺术性与社会性的统一？
2. 思考并分析人作为审美对象有何独特之处。
3. 社会美可以体现在哪些方面？请结合审美案例谈一谈。

深度阅读书目

1. 宗白华：《美学散步》，上海，上海人民出版社，1981。一代美学宗师带领读者走进魏晋，从肤色容貌到言谈行为，领略魏晋之美。推荐结合《世说新语》阅读，发现更多的美和惊喜。

2. [德] G. 齐美尔：《桥与门——齐美尔随笔集》，涯鸿、宇声等译，上海，上海三联书店，1991。德国社会学家齐美尔（也译作“西美尔”）是少有的将时尚、社交、旅游观光、饮食、空间、货币等整合为“生活审美”的美学家。这本书对于读者理解和发现信息时代的生活美很有帮助。

3. [英] 罗素：《幸福之路》，吴默朗、金剑译，北京，中央编译出版社，2009。美好幸福的生活应该启之以爱，导之以智。在罗素之前，很少有哲学家专门讨论人类的幸福问题。罗素在书中以亲切柔和的文字引导读者思考为人类带来幸福或导致人类不幸的因素。

4. 陈嘉映：《何为良好生活——行之于途而应于心》，上海，上海文艺出版社，2015。这是一部生活哲学著作。如其所言，“我该怎样生活”是贯穿人的一生的问题。这个问题不是选择人生道路的问题，不是选对或选错人生道路的问题，而是行路的问题——知道自己在走什么路，知道这条路该怎么走。本书的问题也是社会美育的问题，只不过视角有所不同。

第五章
科技美育

从第一只古猿直立身体仰望星空，到人类建造出大型强子对撞机，大约经历了300万年。和宇宙的历史相比，这就如同一个百岁老人一生中不到8天的时间。然而正是在这“8天”里，人类发明的太空望远镜已经能看到138亿光年外的宇宙；人类建造的大型强子对撞机已经能探测到比肉眼能看到的尺度小无数倍的东西；人类发现的科学理论大到能推测宇宙的膨胀系数，小到可以解释令人难以置信的量子运动。不能不说，科技美是美学王冠上的一颗璀璨明珠，是美育园地中的一片醉人花圃。爱因斯坦里程碑式的质能方程就被杨振宁激赏为“造物者的诗篇”。

一、科学美

科学美是大学美育不可或缺的重要环节，但也在理论上存在诸多争议，在实际操作中有着种种问题。本章打算追溯科学美的历史，从科学活动的独特旨趣出发，尝试对科学美的概念做出界定，进而讨论科学美的表现形态和育人功能。

（一）科学美的界定

人类对于科学美的探究，或许可以追溯到古希腊的毕达哥拉斯学派。据说，铁匠铺打铁的声音吸引了毕达哥拉斯的注意，于是他比较了各种铁锤的重量，又在乐器的弦上进行试验，最终发现音调是由音弦的长短决定的，揭示了音程的数学原理：八度音程1 ∶ 2，四度音程3 ∶ 4，五度音程2 ∶ 3。在毕达哥拉斯学派看来，不但音乐是和谐的，整个宇宙也都是按照一定的数构成的和谐的系统。因此，美不限于艺术，任何事物都有其和谐性。正如卡西尔所指出的："最深奥的神秘之一——美的神秘，似乎在这里被解释出来了。对希腊精神来说，美始终具有一种完全客观的意义。"卡西尔进而认为，量子力学在某种意义上是古典的毕达哥拉斯理想的真正复活、更新和证实。数的纯粹符号体系取代并且取消了日常言语的符号体系。[①] 在这个意义上，科学美主要是一种数学美、形式美。

人类科学活动的独特旨趣在于认识世界，即对客观世界做出解释和预言。科学美就是这种不断深化、永无止境的科学认知活动之美，是体现人的认识能力和探索本性的活的形象，是物质与精神、感性与理性、有限与无限、必然与自由的辩证统一，使人由受限制的单纯的感性状态或理性状态上升到自由的审美状态。

（二）科学美的表现形态

大致说来，科学概念呈现出科学知识、科学思想、科学方法和科学精神四个基本维度。[②] 相应地，我们也可以从这四个方面来探析科学美。

1. 科学知识之美

科学知识是人类对于客观规律的认识和总结，是开启民智、彰显理性的先锋。蛮荒年代，对自然的恐惧和敬畏使人生活在万物有灵的世界中。"神秘"的世界的解释权为少数人所垄断，神秘主义被特权阶层发展为蒙昧主义和专制主义，人们难以发现自身的力量和潜能。知识像暗夜中的明灯一点点照亮了世界，日渐系统化的科学知识则是其中最亮的一盏。科学探索活动逐渐揭开了大千世界的无穷奥秘，呈现出科学知识的发蒙启蔽之美。

2. 科学思想之美

与科学知识相伴而至的是科学思想，每一次科学思想革命都会带来世界图景的颠覆，改变人们看人看事的态度。哥白尼天文学革

---

① ［德］恩斯特·卡西尔：《人论》，甘阳译，267 页，上海，上海译文出版社，1985。

② 刘大椿：《科学技术哲学概论》，17 页，北京，中国人民大学出版社，2011。

命、牛顿力学革命、拉瓦锡化学革命、达尔文生物学革命等无不如此。以牛顿力学革命为例，与以往那些“孤立”的物理定律不同，牛顿三大定律所描述的是宏观低速条件下“所有”物体在力的作用下的运动规律。这里的物体可以是地面上的沙粒，也可以是宇宙中的天体。牛顿用锋利的科学思维剃刀，将物体的大小、形状、质地、软硬等具体性质通通砍去，只留下一个质量。由此，所有的物体都变成了一个质点，它们在力的作用下遵循同样的运动规律。这有力彰显了科学思想的简约恢宏之美。

3. 科学方法之美

毫不夸张地说，科学方法是人类方法库中最有力的工具，科学方法的每一次更新都是一次具有方法论意义的革命。应当指出，实验方法是科学的标志，是最重要的科学方法。有了实验方法的确立，自然科学才最终与神学、自然哲学分道扬镳。离开实验，科学之树就丧失了茁壮成长的肥沃土壤。近代以来，物理学和生物学的伟大成就充分印证了这一点。这种成功也为科学活动立下了极其严格的标准，那就是理论必须具有可检验性。理论不仅应当解释已知的实验结果，还应当预言今后可能出现的实验事实。“大胆设想，小心求证”充分体现了科学方法的严谨求实之美。

4. 科学精神之美

科学精神是科学的灵魂和光芒所在，是科学发展的动力。1916年，化学家任鸿隽发表《科学精神论》一文，在中国最早提出“科学精神”的概念。他明确指出：“科学精神者何？求真理是已。”气象学家和地理学家竺可桢也多次阐述过科学精神。1941年，他在《科学之方法与精神》一文中指出：“近代科学的目标是什么？就是探求真理。科学方法可以随时随地而改换，这科学目标，蕲求真理也就是科学的精神，是永远不改变的。”[1]在近代科学史上，哥白尼针对托勒密的地心说发表《天体运行论》，分庭抗礼地提出日心说。后来布鲁诺和伽利略公开宣传日心说，直接挑战罗马教廷的思想统治和精神控制，引起教廷恐慌。《天体运行论》被教廷列为禁书。哥白尼曾这样赞颂天体之美：“太阳在万物的中心统驭着，在这座最美丽的神庙里，另外还有什么更好的地点能安置这个发光

① 刘大椿：《论科学精神》，载《求是》，2019（9）。

体，使它能一下子照亮整个宇宙呢？”[①] 尽管日心说也并不完全正确，但与地心说相比已经有了巨大的历史性飞跃，显示了发现真理、坚持真理的科学精神之美。

（三）科学美的育人功能

科学美是审美心理、审美意识达到较高发展阶段的产物，离不开严密的理论思维与灵动的审美意识的渗透与交融，具有显著的以美导真的育人功能。第一，科学研究的对象常常有美的特征，如显微镜下的细胞构造、遗传基因的双螺旋结构等。第二，科学研究的过程常常令科学家如痴如醉、全身心投入，获得物我两忘、遗世独立的存在体验。第三，科学发现的结果本身具有令人惊叹的美，科学家在取得突破性研究成果后也常会体验到一种仿佛打开自然奥秘之门的无与伦比的狂喜与沉酣。

天文物理学家、诺贝尔物理学奖获得者钱德拉塞卡一贯坚持，追求美是科学家从事科研的重要动机之一。他在《真与美》一书中指出，几乎所有科学家都认为广义相对论是非常优美的理论。以广义相对论为例可以看出，一个科学理论之所以美，主要是因为符合两条标准：一是奇异性，即形成理论的奇特思路、所得出的新颖结论达到了令人惊讶的程度，使人产生柳暗花明、别开洞天的感觉；二是和谐性，即理论的各部分之间以及各部分与整体之间恰到好处地协调一致，使人产生珠联璧合、天衣无缝的感觉。物理学家杨振宁在强调科学美与人文美的交融、形式美与人性美的深层统一上，亦有精彩论述。他强调，“牛顿的运动方程、麦克斯韦方程、爱因斯坦的狭义与广义相对论方程、海森堡方程、狄拉克方程等理论物理学的骨干部分之所以美”，是因为它们“以极度浓缩的数学语言写出了物理世界的基本结构”，其思路巧妙而清晰，结构优雅而简单，内涵丰富而深刻，具有极大的解释能力和预见能力，“能使人产生奇妙感、壮丽感，进而产生庄严感、神圣感，甚至某种程度的畏惧感”。这些触及灵魂深处的美感，“表达的是对自然规律的崇敬，对人类创造力的赞颂以及献身科学的激情”。[②] 显然，这正

---

① 杨丽：《近代天文学的先驱者哥白尼》，载《科教文汇（下旬刊）》，2009（3）。

② 高文武：《以美启真　双向互动》，载《哲学研究》，2005（10）。

是以美导真的大学生审美教育的题中应有之意。

二、技术美

今天，每每提及科学技术，常统称其为“科技”。科学和技术的目的其实各异其趣。科学是认识导向的，以不断深化探求自然规律为己任；技术是控制导向的，以创造第二自然即人工世界为己任。当然，两者的联系也很明显，这也就是培根所说的，要命令自然，就必须首先服从自然。科学与技术的结合，使得人的力量得到几乎无限的延伸。这种人造物有时是有形的物体，如汽车、火车、飞机、飞船等；有时是无形之物，如软件、信息、知识等。技术的疆域无比宏阔，上探九天之上，下潜九渊之下。这样一来，技术美的概念也就呼之欲出了。

（一）技术美的界定

技术美不仅是一种当代的审美形态，而且是人类原发性的审美形态。正如日本设计师原研哉所言，可以把人类的技术工具史、工艺设计史追溯至原始社会：“我认为设计的历史必须从那个时候开始说起。有一部美国科幻电影叫《2001 太空漫游》。影片的开头部分展现的是猿人进入直立行走时代后的场景：有两个群体正在进行斗争，当时，一方捡起地上的动物骨头将另一方打倒在地。猿人将骨头抛向空中，骨头在空中盘旋，变成了在空中飘浮的宇宙飞船。就像这个场景所表现的那样，棍子是人类最早使用的工具，但工具的雏形还有一个——就如用空着的手拿棍子是很自然的一件事一样，人到了河边，就会用两只手捧起水来喝，这就是容器的雏形。容器是工具的起源和原型。”①

基于技术的独特旨趣在于利用或制造各种工具控制自然过程和设计人工过程。所谓“技术美”，简单地说，就是指在不断臻于完善的技术改进升级活动中能体现人的开拓进取和创造本性的活的形象，是合规律性与合目的性的辩证统一。它使人的活动超越了客观必然性而取得自由。

---

① ［日］原研哉、阿部雅世：《为什么设计》，朱锷译，20 页，济南，山东人民出版社，2010。

（二）技术美的表现形态

人类技术的演进经历了不同性质的发展阶段，也使技术美呈现出不同的表现形态，可略分为技艺之美、机器之美和创新之美。

1. 技艺之美

在古代，技术活动是以手工操作的方式进行的。技术建立在生产的直接经验和人的直观感受的基础上，对于尺度关系、比例、节奏的掌握成为增加劳动技巧和改进技术的核心。因此，手工技艺本身便有一种趋向审美的特点。举例来说，制陶技术是从新石器时代开始的，具有高度的审美价值。中国的黑陶制作早于希腊两千多年。轮盘技术的发明，“使陶工得以将节奏与旋律注入他的形式观念之中。从此，便产生了这门出身卑贱但最为抽象的陶器艺术。直到公元前 5 世纪，陶器终于发展成为最著名、最敏感和最理智的希腊民族的代表艺术。一只希腊花瓶是所有古典和谐美的典型。同一时期，东方另一个伟大的文明之邦——中国，已将陶器发展成为一门最可爱和最典型的艺术。中国人在这门艺术上的奇特造诣甚至超过了希腊人所取得的成就。希腊花瓶呈现出静态的和谐，而中国花瓶，一旦摆脱了来自其他文化与技巧的影响，则能表现出动态的和谐。中国花瓶不仅呈现出数的关系，而且表现出生命运动”①。

2. 机器之美

近代以来，科学实验逐渐向技术转化、科学与技术相互渗透转化，机器操作代替了手工操作。机器的出现使物质生产过程及其生产成果发生巨变。机器设备的操作对生产工人的技术要求趋于平均化，流水线上的工人只从事限定的手工操作，原来精致化、传统化的工匠审美趣味渐无用武之地，取而代之的是大机器工业所特有的以高速度、大规模和强大动力为主要特征的新美感。20 世纪初叶的意大利未来主义者不遗余力地歌颂这种机器美：“我们认为，宏伟的世界获得了一种新的美——速度之美，从而变得丰富多姿。一辆赛车的外壳上装饰着粗大的管子，象恶狠狠地张嘴哈气的蛇……一辆汽车吼叫着，就象踏在机关枪上奔跑，它们比萨摩色雷斯的胜利

---

① ［英］赫伯特·里德：《艺术的真谛》，王柯平译，22 页，沈阳，辽宁人民出版社，1987。

女神塑像更美……我们歌颂声势浩大的劳动的人群、娱乐的人群或造反的人群；歌颂夜晚灯火辉煌的船坞和热气腾腾的建筑工地；歌颂贪婪地吞进冒烟的长蛇的火车站；歌颂用缕缕青烟作绳索攀上白云的工厂；歌颂象身躯巨大的健将一般、横跨于阳光下如钢刀发亮的河流上的桥梁；歌颂沿着地平线飞速航行的轮船；歌颂奔驰在铁轨上胸膛宽阔的机车，它们犹如巨大的铁马套上了钢制的缰绳；歌颂滑翔着的飞机，它的螺旋桨象一面旗帜迎风呼啸，又象热情的人群在欢呼。”①

3. 创新之美

技术发展的古今之变突出体现在现代都市的地标性建筑上。在法国首都巴黎的景观中，矗立在塞纳河南岸的埃菲尔铁塔（图 5–1）地位显赫，显示出法国人的技术创新魄力与浪漫梦幻的艺术品位的紧密结合。用罗兰·巴特的话说，埃菲尔铁塔所实现是建筑的“某种零度状态”，“不能把铁塔当作博物馆来参观”。建筑物一般具有封闭性，人们参观教堂、博物馆，首先要走进去。走进去就意味着透视它、占有它。埃菲尔铁塔却有着开放性的结构，除了不同高度的三个平台之外，便是暴露无遗的结构件和扶梯、电梯。这一还原过程最初会令参观者惊讶，它突破了古典建筑的封闭性，与人建立起一种活跃的关系。埃菲尔铁塔的建成无疑是技术创新的重大成果，它反映了建筑领域对新型工业材料钢铁的广泛应用，概括了 19 世纪“借助于钢铁而对于空间和时间的把握”，成为科学技术胜利的物质象征。不仅如此，它那升腾的动势、伟岸而空灵的形态，给人一种情感的激发；它不断获得的隐喻和象征，给人一种审美的领悟。罗兰·巴特指出，简单的矩阵形式赋予了铁塔难以计数的联想职能，它时而是巴黎的象征、现代性的象征、交流的象征、科学的象征、19 世纪的象征，时而又是火箭、立柱、钻塔的象征。“正如每个巴黎人的目光都不得不与其交遇一样，任何幻想都必然或迟或早地发现其形式和受其滋养。捡起一支铅笔，让你的手，换言之你的思想，随意移动，结果往往会是铁塔的形象出现在纸面上，那简单线条的唯一神话式功能，是把底与

① 柳鸣九：《未来主义　超现实主义　魔幻现实主义》，46 ～ 48 页，北京，中国社会科学出版社，1987。

图 5-1

埃菲尔铁塔

顶或把地与天连接起来，正像诗人们所说的那样。”[①] 埃菲尔铁塔造型上最突出的特点在于，依据科学技术原理创造性地实现了某种关于高度的理念。塔身高高地耸起，宽度不断在高度中消融，所有的材料都加入奔赴高处的努力之中。在钢梁上，那些横向的构建大

① ［法］罗兰·巴尔特：《埃菲尔铁塔》，李幼蒸译，2 页，北京，中国人民大学出版社，2008。该书将罗兰·巴特译为罗兰·巴尔特，下同。——编者注。

部分是斜向的或弧形的，尽管都呈阿拉伯曲线排列，但它们不是在阻拦，而是一个劲儿地向上牵引，直升到插入云霄的塔尖。总之，埃菲尔铁塔创新性的工艺技术美集中体现在建筑物合规律性与合目的性相统一所达到的自由境界上。

（三）技术美的育人功能

技术美作为合规律性与合目的性的统一，即真与善的统一，体现了人对自然的能动关系，具有以美润善的巨大育人潜能。世界首先是一个客观存在的物理世界，是一个必然王国，同时又是人的世界，而人是充满欲望、需求、想象和情感的。因此，人把世界塑造得充满感情色彩和审美情趣，使它成为与人息息相关的精神世界。技术美正是实现这种沟通的结合点。

中国古典园林可谓亭台楼阁等多种复杂建筑工艺与绘画、书法、诗歌等艺术因素的完美统一，取自然之势加以点缀，终成优游乐境。山明水秀的郊野，如北京西郊和杭州西湖等固可选址，尘嚣喧闹的城内亦能以巧妙的手法叠山理水，创造出清幽雅致的“城市山林”，如名闻遐迩的苏州园林。私人园林不像皇家宫苑那样占地广阔，更加注意在有限的空间内苦心经营，如入园处曲径通幽，园内以重重庭院及花石分隔景区，对一台一阁一亭一轩甚至门窗家具的设计都极为考究。美学家叶朗强调，亭台楼阁的审美价值在于“扩大空间，构成意境，使游览者突破有限，通向无限”，对人生“产生一种富有哲理性的感受和领悟”。①

古代文人将松、竹、梅称为“岁寒三友”，以之象征人品的高尚与纯洁，中国古典园林中也常见这三种植物。江南园林可以说无园不种竹，而北方也常在园中种竹，如颐和园的“寻诗径”。荷同样具有多方面的比德意蕴：荷花纯洁，出淤泥而不染；其根为藕，生于污泥之中，居下而有节。因此，无论南北，无论是皇园还是私园，都喜爱种荷。圆明园四十景之一的“濂溪乐处”（图 5-2），四周水塘满植莲荷，“左右前后皆君子”。松、竹、梅、荷是中国古典园林中的独特景观。人们游园观景而能生情，从中领略到人生哲理，这就是园林建筑设计及其美学意境育人功能的体现。

---

① 叶朗：《中国美学史大纲》，448 页，上海，上海人民出版社，1985。

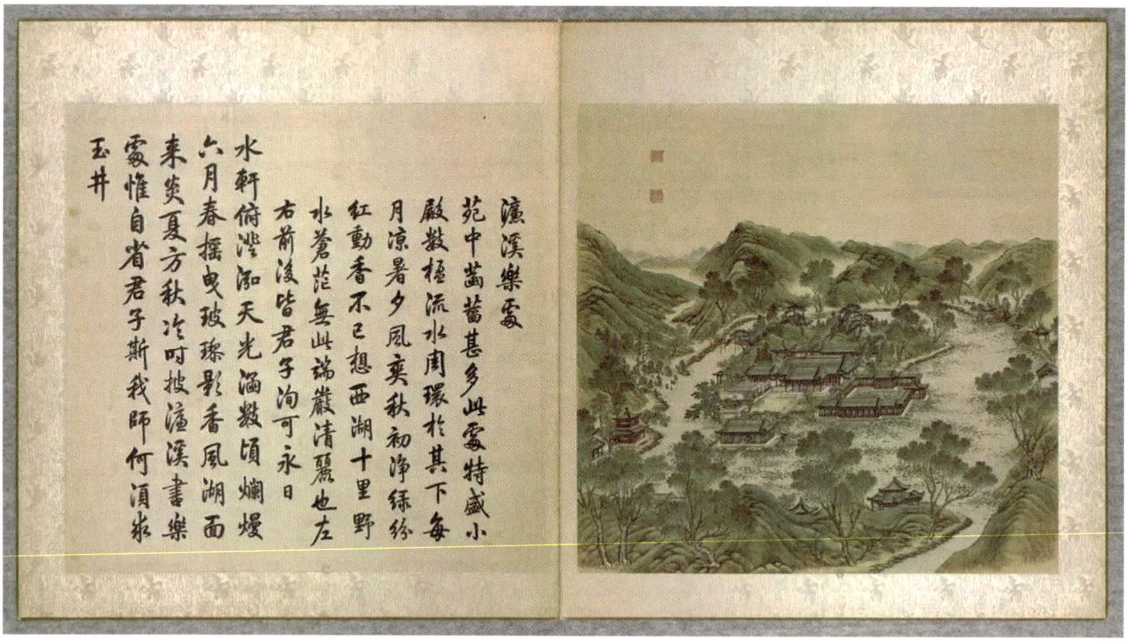

图 5-2

《圆明园四十景图 · 濂溪乐处》

三、未知世界之美

未知世界之美主要关涉科技美的可能性维度，因此与科学技术的原始创新息息相关。本节着重探讨未知世界之美的动力、实质与育人功能。

（一）未知世界之美的动力

原始创新是相对于改进创新而言的。一般说来，改进创新又称“渐进性创新”，指对现有技术活动进行局部改进而引起的渐进的、连续的创新。原始创新则被称为“元创新”（meta-innovation），指源头性、根本性和引领性的创新。通俗地说，原始创新就像是母鸡，会下许多蛋，孵出许多小鸡。它所孵化的小鸡是衍生创新。显然，原始创新是构成未知世界之美的主要推进器。例如，美国贝尔电话公司发明的电话和半导体晶体管、美国无线电公司生产的电视机、德州仪器公司首先推出的集成电路、斯佩里 · 兰德公司生产的计算机、蒂姆 · 伯纳斯 - 李开发的万维网等，从根本上塑造了现代人类信息传播图景。在某种意义上，人类现代信息技术演进史同时也是人类沟通模式变迁史和媒介美学裂变史。正如美国传播学者保罗 · 莱文森指出的，“因特网是一切媒介的媒介”。“因特网摆出了这样一副姿态：它要把过去一切的媒介‘解放’出来，当作自己的手段来使用，要把一切媒介变成内容。”莱文森还断言：“人是积极驾驭媒介的主人。不是在媒介中被发送出去，而是发号施令，创造媒介的内容。对别人已经创造出的内容，人们拥有空前的自主选择能力。我的媒介演化理论可以叫做一种‘人性化趋势’的理论。”①

万维网技术使互联网在20世纪90年代进入高速成长期，而技术的发展并不会止步。2005年以来，“新一代互联网”（有时也被称为“下一代互联网”）这个概念日益普及。其中，IPV6是具有标志性意义的技术。简单地说，目前所使用的IPV4协议下的编码位数是32位，新一代互联网采用的IPV6技术编码位数为128位，这意味着IP地址资源问题的彻底解决，意味着人们可以将能想象到的一切物品及其属性标识都连接到互联网上。于是，原来只关涉人与人交往的互联网升级为即时连通世界万物的物联网，从根本上改变了人与人、人与物的关系。麦克卢汉早就说过：“就我们这个行星而言，时间差异和空间差异已不复存在。我们正在迅速逼近人类延伸的最后一个阶段——从技术上模拟意识的阶段……行动及其反应几乎同时发生。事实上，我们似乎生活在神奇的一体化时间之中。”②不过，麦克卢汉的技术决定论和电子乌托邦观点也是有可讨论之处的，我们不能想当然地认为未来会更加美好，而是要把技术进步纳入整个社会系统工程，使技术同善与未知世界之美相连接、相融汇。

（二）未知世界之美的实质

人类之所以有别于其他物种，很大程度上是因为人类能创造科技奇迹。的确，科技是神奇的，能将人类的基础能力提升到新的高度，事半功倍。其他动物受本能的驱使会建巢造窝等，而人类能够摸索新方法、寻求新路径、创造新世界。

回眸科技史，个人计算机于20世纪70年代问世，但这种带有“思考”功能的机器构思的雏形可以追溯到19世纪的科幻小说《弗

---

① ［美］保罗·莱文森：《数字麦克卢汉——信息化新纪元指南》，何道宽译，39页，北京，社会科学文献出版社，2001。

② ［加］马歇尔·麦克卢汉：《理解媒介——论人的延伸》，何道宽译，20～21页，北京，商务印书馆，2000。

兰肯斯坦》。原始创新首先是一种观念上的根本性创新，前所未有，与众不同。难道机器真的能够在程序的控制下进行思考？这对于一两个世纪前的人来说是十足大胆的设想。英国诗人拜伦和雪莱非常关注科学技术给人类生活带来的变化。在一个大雨滂沱的夏日，他们谈论起人造生命和人造思维，思考能否运用人工制品来创造新的生命。玛丽·雪莱根据他们谈话的思路，在《弗兰肯斯坦》中塑造了一个人造怪物，向蒸汽时代的读者展示了一个惊心动魄的寓言故事。

众所周知，19 世纪早期人类迎来了蒸汽时代，当时的蒸汽动力与后来电能和原子能具备的神奇力量性质相同。1833 年，英国发明家查尔斯·巴贝奇提出了一个惊世骇俗的火种般的设想：希望蒸汽动力能够进行各种数学运算。[①] 巴贝奇后来真的设计出了他声称能够进行计算甚至思考的机器，被许多人视为实际生活中的弗兰肯斯坦。巴贝奇绝不是个空想家，他在 1871 年去世之前，一直致力于使用蒸汽引擎的“分析机”的研究。巴贝奇试图让这种分析机把人们从重复烦琐的脑力劳动中解放出来，就像当时的蒸汽机使人们摆脱繁重的体力劳动一样。应当说，这种分析机在本质上已经和现代意义上的计算机非常接近了。

人类科技史昭示我们，未来世界的进步呈现两种形式。第一，水平进步，也称“广泛进步”，意思是照搬已取得成就的经验——直接从 1 跨越到 N。水平进步很容易想象，因为我们已经知道了它是什么样的。第二，垂直进步，也称“深入进步”，意思是探索新的道路——从 0 到 1 的进步。垂直进步较难想象，因为人们需要尝试从未做过的事。“如果你根据 1 台打字机造出了 100 台打字机，你就取得了水平进步。如果你有 1 台打字机，又造出了 1 台文字处理器，那就取得了垂直进步。”[②] 显然，垂直进步构成未知世界之美直接的和最主要的来源。由此，不妨这样概括科技美学视角下未知世界之美的实质，即在科技创新推动下，人类从已知世界的水平发展转向未知世界的垂直发展过程中，基于人的本质力量的焕发所

---

① ［美］保罗·弗赖伯格、迈克尔·斯温：《硅谷之火——个人计算机的故事》，郑德芳等译，4 页，北京，中国对外翻译出版公司，1985。

② ［美］克里斯·吉耶博：《这才是我要的工作》，严亚慧译，134 页，杭州，浙江人民出版社，2018。

生成的活的形象。

（三）未知世界之美的育人功能

最好的科学问题是没人尝试解决的问题，原始创新的千里沃野其实就在无人区。未知世界之美的人性内核是人类与生俱来的对大自然以及一切待解之谜的神圣的好奇心，其启迪学生创造性思维的育人功能不容忽视。在古希腊哲学家亚里士多德看来，求知是人的本性，人是因为知道自己无知而求知的。因此，他认为哲学起源于“惊异”，而科学的早期形态正是哲学的一部分。科技从根本上改变了人们对世界直观性、常识性和静止性的看法。20 世纪以后，在相对论、量子力学、分子生物学等现代科学革命的推动下，人类世界观又一次重建，动态性成为人类世界观演变的基本特征。

从事开创性科学活动的人为什么会有不懈求索的精神？归根结底是好奇心驱动。在众多诺贝尔奖获得者的获奖感言或传记中，人们发现，好奇心是他们成功的内生动力。他们往往从孩提时期就对未知世界表现出积极主动的探索态度，产生了热衷于新奇感和非确定性的心理偏好。这种心理偏好又促使他们在创造性思维活动中产生无穷的毅力、耐心与美感召唤。朱光潜在晚年写就的《谈美书简》中强调，惊奇感正是美感中的一个重要因素。这能给我们今天讨论未知世界之美的育人功能以重要启发。所谓“好奇心”，就是指个体在认识世界过程中对未知和新异事物进行积极探索的心理倾向或内部动机，带有真与美、真与善的原初统一特点。

需要特别指出的是，好奇心在个体与社会互动的过程中既能被引导、激发，也能被限制、约束。好奇心诚然是人与生俱来的本能，但随着人的成长，在与他人的社会互动过程中，好奇心会逐渐具有目标性。例如，父母、老师以及其他社会成员各种形式的奖掖或认可，可能会激发个体对特定活动的好奇心，并进一步转化为求知激情、审美情趣和执着探索的精神；各种形式的显性惩罚或隐性排斥可能会抹杀个体天生的好奇心，进而扼杀其创造力。

四、产品美

产品美主要关涉科技美的现实维度。科技美既是过程也是结果，产品美则可被视为科技美的结晶或物化形态。本节着重论述产品与艺术品、产品美的表现形态以及产品美的育人功能。

（一）产品与艺术品

无论是产品还是艺术品，它们的构成都包含人的主体因素和外在的客体因素。两者的区别在于，产品的主体因素是由人的经验、知识和技能组成的，客体因素是由工具、能源和材料等组成的。艺术品的主体因素更侧重形式感受、情绪体验和思想情感等。技术和艺术都包含知识的成分，但技术对科学知识的依赖要远高于艺术。英国美学家科林伍德指出："一个细木工做一张桌子的技能，表现在他了解要用什么材料、什么工具才能做出桌子，表现在他能够恰当地使用这些材料和工具，准确地按照预定规格做出这张桌子来。"对于艺术创作来说，"在感受的表达完成之前，艺术家并不知道需要表现的经验究竟是什么。只有当他头脑里的诗篇已经成形，或者他手里的泥土已经成形，那时他才明白了自己要求表现的感受"①。设计师原研哉也认为："所谓艺术，就是将人类生活或生存的意义，通过制作的过程予以解释……艺术是艺术家在面对社会时的意志表达，其发生的根本立足点是作为个体的个人……而设计基本上没有自我表现的动机，其落脚点更侧重于社会。解决社会上多数人共同面临的问题，是设计的本质。"②

（二）产品美的表现形态

现代技术产品是科学成果和人的劳动的物化，其审美价值主要体现在两个方面。首先，产品是运用自然规律所完成的技术制造。一个新的技术原理的运用可以为人类开拓出一个全新的活动领域。其次，产品作为人的劳动的物化，凝结了人的创造力和智慧，汇聚着人的理想、欲求和情趣。归结起来，产品作为人的自由创造，乃是人的本质力量的一种自我表现和确证，这是技术产品美的最终源泉。其表现形态主要有以下三种。

---

① ［英］罗宾·乔治·科林伍德：《艺术原理》，王至元、陈华中译，28 页，北京，中国社会科学出版社，1985。

② ［日］原研哉：《设计中的设计》，朱锷译，40 页，济南，山东人民出版社，2006。

1. 功能美

产品美不同于艺术美，它不能抛开产品的实用性侈谈纯粹的精神功用，而是必须把物质与精神、功能与审美有机统一起来。技术产品应力图实现实用属性与审美属性的统一，这种统一即功能美。在这方面，中国明式家具可谓典范。以明式座椅（图 5–3）为例，其关键部位的尺寸契合人体尺寸，使人坐靠时感到舒适惬意。波状的S形曲线，几乎是对人体脊椎弯曲的再现，能贴切地成为人体胸椎、腰椎的支撑。明式座椅多用上藤下棕的双层屉，座面有一定弹性。人坐下时略下沉，上身重量集中于坐骨关节，形成良好的压力分布。总体来看，明式家具在设计构思上“巧而得体，精而合宜”，表面处理注重本色和木质纹理，不加遮饰；注意结构美，尽可能不用钉和胶（不用胶可以防潮，不用钉可以防锈），而主要用卯榫结构。榫有多种，可以既符合功能要求和力学规律，又牢固美观。在实用耐用基础上，明式家具还追求线条美，体现出线的律动性和情感性。明式家具将这种线条的律动与弹性表现得空灵、柔婉，承续了中国传统书画在线条表现上的一贯性发展。[①]

图 5–3

明式座椅

① 徐恒醇：《设计美学》，217 页，北京，清华大学出版社，2006。

2. 风格美

风格美是产品设计走向成熟的标志。风格是对形式的抽象，当某类产品构成一定的审美形象时，其相对稳定的形式特征便升华为一种风格。产品的风格美往往呈现出鲜明的时代特征、地域特征和民族特征。例如，流线型设计是美国20世纪三四十年代非常流行的设计风格，以圆滑流畅的流线体为形式特征，最初主要被用在汽车、火车的设计上，后来广泛渗入家用产品领域，影响了电熨斗、烤面包机和电冰箱等产品的外观设计。“流线型”本是空气动力学术语，这种形状能够有效减少空气阻力，所以首先被运用到交通工具的设计上。20世纪30年代，塑料和金属模压成型工艺得到普遍应用，为流线型设计的流行提供了必要条件。在审美观念上，流线型技术产品与未来主义一脉相承，它本身就是一曲工业速度感和活力感的颂歌，亦成为时代精神的象征。

其实在20世纪初，人们就已着手研究工业产品造型与运动速度的关系。1914年，意大利设计师最早采用泪珠的形式元素设计汽车。1921年，奥地利飞机设计师爱德蒙·伦普勒尝试设计流线型飞机。但是这些设计并没有进入生产阶段，真正将这些构想付诸实施的是在商业旋涡中讲求实用主义的美国设计师。20世纪30年代初，雷蒙德·罗维设计的纺锤型火车机身和卡尔·布利设计的“气流”（Airflow）轿车（图5-4）造型新潮，将严肃理性的新技术浪漫化，成为工业设计史上流线型风格产品的代表作。

图5-4

1934年卡尔·布利设计的“气流”轿车

3. 生态美

技术是调节和变革人与自然关系的物质力量，技术产品的生态美集中体现了人对自然的依存和人与自然的生命关联。北欧现代设计奠基人之一阿尔瓦·阿尔托强调：“建筑师的任务是给予结构以生命。”① 阿尔托的自然风格被称为“阿尔托主义”，复杂的木结构、高度统一的风格是他的设计的特征。他认为重要的是形象，一旦有了明确的形象，整个设计系统就可围绕这个形象展开。椅子服从墙面，墙面服从屋顶，屋顶服从天空，最终控制形象的还是自然。阿尔托重视视觉的统一，重视视觉与自然环境的关系，力求使自然与设计和谐共处。阿尔托的设计特点与芬兰的自然条件有着密切关系。斯堪的纳维亚半岛位于欧洲北部，靠近北极圈，冬季寒冷而且漫长，日照时间非常短，容易令人感到沮丧和压抑。阿尔托的设计特别关照使用者的心理，大量采用有机形式和自然材料，特别是北欧木材，致力营造亲和氛围。其设计代表作维堡图书馆（图 5–5）采用大尺寸的顶部圆筒形照明孔，白天引入日光，晚上则利用人造光源营造出太阳还没有下山的感觉，从而减少日落过早所引起的压抑感。这种深具生态美的设计在斯堪的纳维亚地区得到广泛应用。

图 5–5

维堡图书馆

① 王受之：《世界现代设计史（第二版）》，453 页，北京，中国青年出版社，2015。

（三）产品美的育人功能

严格说来，产品美不仅限于工业产品，我们应该把视野扩展到整个生活世界。一个优雅宜人的美的空间，不单是由机器、设备和产品构成的，还包括人以及人的自觉活动。在这个意义上，理想的产品美是功能美、风格美与生态美的统一，能发挥唤醒人与自然或外在环境和谐交融心、生命共感心的育人功能。美学理论大都强调审美活动是人类的精神活动，是对物质生产活动的超越，但技术美学对产品美的执着追求，恰恰要使本来是从物质的、实用功利的活动中超越出来的审美活动，重新回到物质的、实用功利的领域。“粗粗一看，这是把审美的、精神的东西降低到实用的、物质的层面，超功利的东西被功利的东西‘污染’了。其实，恰恰相反，这是把实用的东西升华为审美的东西，或者说，是在物质的东西中增添一个精神的层面，在实用功利的东西中增添一个超功利的层面。”① 在科技美学视角下，审美活动不仅直接涉及整个物质世界的感性形态即物质文明和精神文明维度，而且关涉生态文明维度。从生产活动过程到作为生产成果的产品，从生活空间到生活消费，无不存在生态审美和可持续发展问题。如今，好的设计必然是绿色设计，美的产品必须是节能型产品。显然，产品美在以美树信上大有可为，有助于包括大学生在内的使用者在日常生活实践中涵濡确立生态文明观和健康的生存价值观。

本章摘要

科学美指科学认知活动之美，是体现人的认识能力和探索本性的活的形象。科学美的表现形态为科学知识之美、科学思想之美、科学方法之美和科学精神之美。科学美具有显著的以美导真的育人功能。技术美指在不断臻于完善的技术改进升级活动中能体现人的开拓进取和创造本性的活的形象。技术美的表现形态可略分为技艺之美、机器之美和创新之美。技术美体现了人对自然的能动关系，具有以美润善的育人潜能。未知世界之美主要关涉科技美的可能性维度。原始创新构成未知世界之美的主要动力。未知世界之美的实质在于人类从已知世界的水平发展转向未知世界的垂直发展过程中，基于人的本质力量的焕发所生成的活的形象。未知世界之美

---

① 叶朗：《美学原理》，317 页，北京，北京大学出版社，2009。

的人性内核是人类与生俱来的对大自然以及一切待解之谜的神圣的好奇心，其启迪学生创造性思维的育人功能不容忽视。产品美主要关涉科技美的现实维度，可被视为科技美的结晶或物化形态。理想的产品美是功能美、风格美与生态美的统一，在以美树信上大有可为，有助于包括大学生在内的使用者在日常生活实践中涵濡确立生态文明观和健康的生存价值观。

思考与练习

1. 简述科学美的主要表现形态。
2. 简述技术美的主要表现形态。
3. 如何理解未知世界之美的育人功能?
4. 如何理解理想的产品美?

深度阅读书目

1. 刘大椿:《科学技术哲学概论》，北京，中国人民大学出版社，2011。该书从活动论视角审视科学技术，对现代科技的整体结构及演化有比较深入的论述，有助于读者树立现代科技观、自然观和生态观，为进一步探寻科技美育问题奠定必要的科技哲学基础。

2. 徐恒醇:《设计美学》，北京，清华大学出版社，2006。这是一部应用美学专著，在科技美学研究的基础上具体探讨设计领域的审美规律，有助于读者把握技术美的生成机制和创造过程。

3. 王受之:《世界现代设计史（第二版）》，北京，中国青年出版社，2015。这是一部比较系统的设计史著作，对世界各国设计传统和美学风格的概述与比较尤为精彩，能为读者理解产品美的风格维度提供大量生动案例。

4. [美]彼得·蒂尔、布莱克·马斯特斯:《从0到1：开启商业与未来的秘密》，高玉芳译，北京，中信出版社，2015。作者推崇“从0到1”“从无到有”“道生一”的大智慧，认为可以通过这种原始创新为人类发掘更多可能性，创造更多新价值，这对畅想乃至绘制未来世界的美好蓝图不无裨益。

第六章

中国古典型艺术美育

中国有着源远流长的古典艺术美育传统，儒家、道家与禅宗美育精神在历史发展中相互融贯，共同汇成民族文化血脉，镌刻进当代中国人的文化基因之中。即使在当下这样一个数字化时代，社会语境与古典时代已经大不相同，但古典美依然能够扣动我们的心弦。在流行文化与大众传媒中，《中国诗词大会》吟诵的清词丽句，《青花瓷》《东风破》等古风歌曲咏唱的委婉曲调，乃至传统服饰热潮中的红飞翠舞、衣袂飘飘，都吸引了众多欣赏者，彰显出古典美历久弥新的非凡魅力。

那么，中国古典型艺术美育的核心观念与内在理路究竟为何，又是如何塑造了中国古典艺术的绝世风华？对此，我们需要拈出“气韵”“感兴”“古雅”三个核心观念作为主干。如果从艺术美育的视角加以审视，我们会发现它们都着眼于以天、地、人之“文”，特别是以蕴藉丰厚的古典文化艺术传统，来培育并延展美育对象的心力与修养，实现文心涵濡的。值得一提的是，虽然三者同归于文心涵濡，但是它们有着不同的侧重：气韵侧重于主体对客体的直觉把握能力，不拘泥于形貌而直探宇宙人生背后的真精神；感兴强调主体与客体之间、人与世界之间兴发感应的共情能力，追求“万物与我并生”的天人合一之境；古雅侧重于主体自身的人格修养与学识积累，希望以富于人文历史感之艺术养成中和典雅的人格境界。它们构成了中国古典型艺术美育的三个基本面向，是带领我们深入中国艺术心灵的路标。

一、气　韵

翻开中国美术史著作，烟霞满纸，群山俊秀，其中卓荦不凡者正是山水画。《溪山行旅图》《早春图》《千里江山图》《富春山居图》等是中国艺术殿堂的桂冠之作。与此恰成对照，翻开西方美术史著作，徜徉于西方艺术长廊，我们会发现其间诞生了灿若群星的“裸体艺术”作品。从古希腊雕像《米洛斯的维纳斯》《拉奥孔》，到“文艺复兴三杰”之一的米开朗琪罗绘就的宏伟壁画《最后的审判》；从巴洛克艺术大师贝尼尼的雕塑《阿波罗与达芙妮》中秀美娇艳的少年少女的躯体，到法国学院派巨擘布格罗的油画《维纳斯的诞生》中女神粉雕玉琢的肌肤，再到现代主义艺术开创者马奈的《草地上的午餐》中突兀出现、色彩扁平的裸女，几乎每一个时代、每一个流派都有其代表性的人体艺术作品。对此，英国汉学家威廉姆·华森表示：“人们认为中国绘画中的风景有着与西方艺术中的裸体可类比的作用。”①

我们不禁要问，为何西方艺术家对人体描绘如此热情贯注，为何中国艺术家又对山水画寄予心香？对于这一问题，法国哲学家弗朗索瓦·朱利安在《本质或裸体》一书中有着精彩解读。在朱利安看来，这源于西方与中国思想传统的差异。不妨从二者的形而上学预设出发加以阐发。简而言之，西方思想传统钟爱明晰性与确定性，面对变动不居、纷繁多样的世界，要么注重把捉感性知觉上的明晰形象即“表象”，要么致力探索理性思考中的明晰规律即“本质”，从而形成了“表象 / 本质”二元对立的形而上学模型。人体艺术一方面是脱去掩盖与遮蔽而触目耀眼的感性形象，另一方面是超越表象的“美之理念”，成为西方艺术家探索“理想形式”的最佳题材。

中国思想传统则异于是。中国古人并不急于从变动纷繁的世界中抽绎出静态的认识模型，而是将其视为一气流行、周转不已的动态过程。《庄子·知北游》说：“人之生，气之聚也；聚则为生，散则为死……故曰：‘通天下一气耳。’”气有凝聚、弥散与流转，世间万物于焉化育。由此，中国艺术发展出“气韵生动”这一古典美学的核心范畴。南朝画家、评论家谢赫在《古画品录》中提出：“六

---

① 转引自［美］巫鸿：《全球景观中的中国古代艺术》，210 页，北京，生活·读书·新知三联书店，2017。

法者何？一气韵生动是也，二骨法用笔是也，三应物象形是也，四随类赋彩是也，五经营位置是也，六传移模写是也。”① 在六法之中，“气韵生动”居于首位，与强调笔墨趣味的“骨法用笔”共同构成中国古典绘画的核心关切，强调写实的“应物象形”则居其后。

虽然谢赫明确提出“气韵生动”，但却无意加以清晰界定，这也使后世学者与艺术家对“气韵生动”究竟何指各出机杼。整体而言，“气韵生动”揭示出中国古典艺术哪些显著特征呢？

首先，重传神而不拘泥于写实。杨维桢说：“传神者，气韵生动是也。”中国古典艺术着力于捕捉万事万物的可见形貌背后的风姿神韵。例如，四川出土的汉代击鼓说唱俑（图 6–1），身呈坐姿，右手持槌，左臂挟鼓，边敲边唱，眉飞色舞，意趣盎然。与精于数学比例与解剖结构的西方人像雕塑相比，击鼓说唱俑的造型显得夸张稚拙，但却精彩地展现出幽默诙谐的神韵，令人过目难忘。

图 6–1

击鼓说唱俑

其次，偏好飞动流变的动态之美而非静态之美。清代方薰认为：“气韵生动，须将生动二字省悟；能会生动，则气韵自在。”也就是说，气韵寓于生机动势之中。《洛神赋图》（图 6–2）为东晋顾恺之所绘，

① 俞剑华：《中国画论类编》，355 页，北京，人民美术出版社，1986。

图 6–2

顾恺之《洛神赋图》局部

现以摹本传世，描绘了曹植途经洛水、邂逅女神的唯美故事。该画描绘洛神倾国倾城的柔情绰态的手法，与同样以女神为主题的波提切利的名作《维纳斯的诞生》迥然异趣，并不借重于那仿佛可以让时间静止的完美的裸像呈现，而是通过洛神身上霞衣霓裳、衣袂飘飘的波纹动势来呈现其翩若惊鸿、婉若游龙的飘逸之美。

最后，喜含蓄微妙之境而不喜彰显直露之态。宋代范温即言“有余意之谓韵”，“备众善而自韬晦，行于简易闲澹之中，而有深远无穷之味”。[①]北宋米芾、米友仁父子长于书法和绘画，合称“大小米”，所创“米家云山”正呈现出中国古典艺术的含蓄微妙之境。米友仁《潇湘奇观图》以墨色浓淡描画出云霞蒸蔚的山水意境。在弥漫于画卷的烟岚雾霭的掩映之下，山川润泽，云树渺茫。对江水、烟云与长空的描画，或以淡墨，或以留白，在虚实相生之间烘托出淡远的诗意。

中国古典艺术特别是山水画又是如何展现“气韵生动”的呢？在此不妨以郭熙的名作《早春图》（图 6–3）为例细加阐发。

郭熙，字淳夫，《早春图》是他名满天下的传世之作。后世乾隆题诗曰“树才发叶溪开冻，楼阁仙居最上层。不藉柳桃闲点缀，春山早见气如蒸”，颇为精要地点出了绘画的主题与内容。《早春图》描绘了早春时节的山水景色，其时树木刚抽芽，溪流才化冻，虽还没有暮春时节桃红柳绿的明媚景象，但也已云气蒸腾，生机跃动。画幅中一座巨型屏障般的奇峰，从下方的水崖岸边开始，延伸向远

① 郭绍虞辑：《宋诗话辑佚》，373 页，北京，中华书局，1980。

图 6–3

郭熙《早春图》

方，高耸入云，仿佛化入云间仙境。流转不定的烟岚雾霭、此起彼伏的林泉瀑布、各式各样的行人楼阁使《早春图》布满细节，仿若一个自足的宇宙。

首先，气韵体现在氤氲蒸腾、弥漫全幅的云气之中。流转无定、飘逸自如的烟岚雾霭，在古人眼里是天地之间气之流行最为直接的呈现，所以在中国古典绘画中，山水与烟云是不可分开的。在《林泉高致》中，郭熙之子郭思辑录了郭熙论画之语，如“山无烟云，如春无花草”“山无云则不秀”[①]，说明烟云恰如美人明眸，是映衬山水那秀媚灵动的神采所不可或缺的。同时，山水画中的烟云描绘还具有重要的构图作用。郭熙说：“山欲高，尽出之则不高，烟霞锁其间，则高矣。”高山峻岭即使壁立千仞，但若全都绘在画中，让人一目了然，也无从见其高远深邃，恰恰需要烟霞的掩映点缀。

其次，流体的烟云和固体的山石树木都体现着气韵流贯的动态。《早春图》以重墨提出山脊轮廓线，再以淡墨反复晕染叠压，使得峰峦墨色丰富，体积浑厚，既有山石土木的峥嵘之姿，又具有云团一般浑厚舒展的体积之感。同时，山峦堆叠，相互参差，蜿蜒远去，这在画法上被称为“龙脉”。层层山峦仿若兽脊一般充满力量感与运动感。近景的水边崖岸、中景的挺拔长松、远景的峰峦巨嶂勾连呼应，占据画幅中央，而左右的景物据此展开，使得整幅画繁复多姿而不显凌乱。清代沈宗骞对绘画中气韵呈现这一层做过明晰的阐发：“天下之物本气之所积而成。即如山水自重岗复岭以至一木一石，无不有生气贯乎其间，是以繁而不乱，少而不枯，合之则统相联属，分之又各自成形。”天地万物虽然每每不同，但因为有生气贯注其间，所以隐隐然有相互统合关联的秩序。绘画须呈现其中“统乎气以呈其活动之趣者，是即所谓势也”。在沈宗骞看来：“论六法者，首曰气韵生动，盖即指此。”[②]

最后，观众欣赏的目光也处于动态流转之中。西方绘画自文艺复兴以来通过对透视画法的探索，能够逼真地刻画出事物的立体感，制造出栩栩如生的视觉幻象。因为基于一个统一固定的视点，故该技法又被称为“定点透视”。有学者认为，中国山水画的透视与西方绘画的“定点透视”不同，是“散点透视”，集合了不同视点的景象。郭熙提出了著名的“三远”之说：“山有三远：自山下而仰山巅谓之高远，自山前而窥山后谓之深远，自近山而望远山谓之平远。高远之色清明，深远之色重晦，平远之色有明有晦。”[③]

《早春图》中，远景的山峰直入云霄，正是从山下仰望山巅的“高远”之景（图 6-4），因其向光故墨色清淡明朗；右侧幽深的溪谷

---

① 俞剑华：《中国画论类编》，639 页，北京，人民美术出版社，1986。

② 周积寅：《中国历代画论：掇英·类编·注释·研究》，601 页，南京，江苏美术出版社，2013。

③ 俞剑华：《中国画论类编》，639 页，北京，人民美术出版社，1986。

图 6-4

《早春图》高远貌

图 6-5

《早春图》深远貌

图 6-6

《早春图》平远貌

之间掩隐着亭台楼阁，正是自山前望向山后的“深远”之景（图6–5），因其背光故墨色重晦；左侧平坦开阔的山谷间若隐若现的远山，则是自近山望远山的“平远”之景（图6–6），墨色清淡与重晦兼有。

正如宗白华所言：“画家的眼睛不是从固定角度集中于一个透视的焦点，而是流动着飘瞥上下四方，一目千里，把握大自然的内部节奏，把全部景界组织成一幅气韵生动的艺术画面。”观众欣赏山水画时，“也是抬头先看见高远的山峰，然后层层向下，窥见深远的山谷。转向近景林下水边，最后横向平远的沙滩小岛。远山与近景构成一幅平面空间节奏，因为我们的视线是从上至下的流转曲折，是节奏的动”[①]。

总而言之，“气韵生动”揭示了古人眼中这样的世界图景：天地之间劲气充周，真力弥满，万象在旁，化育流行，超脱自在。中国古典艺术，无论是诗歌、书法、绘画，还是音乐、舞蹈，都意在揭示这样的“生意”与“真意”。“气韵生动”作为中国古典美学的核心范畴，也是传统画、舞、书、乐、诗诸艺术共通的最高追求。对此，宗白华亦有精彩解说。在他看来，“舞”之飞动腾踔、淋漓畅快最为直接地反映了这一劲气流行、超脱自在的宇宙图景，因而“‘舞’是中国艺术境界的典型”。“不仅中国的书法、画法都趋向飞舞。庄严的建筑也有飞檐表现着舞姿。”可以说，正是在对“气韵生动”的共同抒写中，中国古典艺术——画、舞、书、乐、诗——融通为一：“画家解衣盘礴，而对着一张空白的纸（表象着舞的空间），用飞舞的草情篆意谱出宇宙万形里的音乐和诗境。”[②]

二、感　兴

“感兴”或者说“感物起兴”是中国古典美的核心范畴之一，它深刻塑造了中国古典艺术浓郁的抒情风格。捷克汉学家普实克曾指出：“在中国古典文学中，抒情文学拥有至高无上的地位，不仅文人学者，包括广大的人民群众，都将抒情文学的意象和语言当作一笔丰富的财产。中国抒情文学是全人类最伟大的创造之一，这是

① 《宗白华全集》第2卷，435页，合肥，安徽教育出版社，1994。
② 《宗白华全集》第2卷，369页，合肥，安徽教育出版社，1994。

举世公认的。”[①] 当然，抒情性并不为诗歌所独有，而是弥漫于中国各门类艺术之中。林风眠认为：“其他如文学戏剧音乐诸类，皆与绘画有同样的趋势，如诗歌方面抒情的多而咏史诗绝少。戏剧方面发达得很迟，且其表现方法多含着写意的动作。音乐方面，长于独奏，种种皆倾向于抒情一方面的表现。”[②]

中国艺术虽然有如此浓郁的抒情特色，但中国传统文人极少使用“抒情”这个字眼，而是用“感兴”来加以指称。何为感兴？署名贾岛的《二南密旨》说：“感物曰兴。兴者，情也。谓外感于物，内动于情，情不可遏，故曰兴。”这正点明了感兴的基本意思：有感于物，兴起于情，而不可遏制、意兴遄飞的特殊状态。[③] 那么如何“有感于物”，何以“兴起于情”，这一贯穿于艺术创作构思与欣赏接受的核心范畴如何塑造了中国艺术的风貌特征？这需要我们详加分析。

第一，在古典感兴论看来，艺术家之所以能有感于物，是因为世界由一气流行化生而出，是万物相互关联的有机大体。万物相互依赖，相互摄涵，相互感应，形成广大贯通的统一体。因此，“我”与“物”之间并不存在对立与隔阂，而是通过气之流通联系在一起。正如钟嵘《诗品序》所言：“气之动物，物之感人，故摇荡性情，形诸舞咏。”随着天地之气的流行，一方面节气物候与自然景物发生着变化，另一方面人的身体感受与情感状态也会发生感应，这就是自然气感。中国的抒情传统正是建立在这种自然气感的基础之上的。

第二，抒情之“我”有感于“物”，从而形成创作生发的起点。正如清代郑板桥所言：“江馆清秋，晨起看竹，烟光、日影、露气，皆浮动于疏枝密枝之间。胸中勃勃，遂有画意。其实胸中之竹，并不是眼中之竹也。”[④] 画家观赏晨光雾气间的青竹，产生勃勃画意。此时“物”不再仅仅是物质性的“眼中之竹”，而是成为精神性的审美意象“胸中之竹”，奠定了艺术创发的起点，并进一步落实为

---

① ［捷克］亚罗斯拉夫·普实克：《抒情与史诗：现代中国文学论集》，李欧梵编，郭建玲译，45 页，上海，上海三联书店，2010。

② 朱朴：《现代美术家　画论·作品·生平　林风眠》，9 页，上海，学林出版社，1988。

③ 王一川：《文学理论》，78 页，成都，四川人民出版社，2003。

④ 俞剑华：《中国画论类编》，1173 页，北京，人民美术出版社，1986。

具体的艺术作品，即“手中之竹”。

第三，在诗歌艺术中，“兴”更进一步，成为一种写作手法。在中国最早的诗歌总集《诗经》之中，“比”“兴”是两种基本的写作手法。《邶风·柏舟》中的“我心匪石，不可转也。我心匪席，不可卷也”以“石”与“席”来反喻坚贞忠诚的内心情感，属于“比”；《周南·关雎》中的“关关雎鸠，在河之洲。窈窕淑女，君子好逑”，以春日合鸣的水鸟兴起君子与淑女间的爱情，属于“兴”。叶嘉莹区分了“比”“兴”之间的心物关系，指出二者“所代表的原当是情意与形象之间的两种最基本的关系。‘比’是先有一种情意然后以适当的物象来拟比，其意识之活动乃是由心及物的关系；而‘兴’则是先对于一种物象有所感受，然后引发起内心之情意，其意识之活动乃是由物及心的关系。前者之关系往往多带有思索之安排，后者之关系则往往多出于自然之感发”[①]。

第四，在艺术接受与欣赏中，感兴还指向艺术作品感发志意的道德教化效果。儒家思想传统对此尤为看重，孔子即言“兴于诗”“诗可以兴”。“兴”除了是“诗”的写作手法之外，也指“诗”的审美感发效果。朱熹对此详加注释：“兴，起也。诗本性情，有邪有正，其为言既易知，而吟咏之间，抑扬反复，其感人又易入。故学者之初，所以兴起其好善恶恶之心，而不能自已者，必于此而得之。”[②]包括诗歌在内的艺术，源于内心的真情实感，又具有精美的艺术形式，能够带给人美的享受。相比高头讲章式的道德说教，艺术更具有“润物细无声”的教化效果，能够唤起人性当中本真的善恶之心。这种艺术感兴与道德教化相辅相成的古典“诗教”观念，构成了中国传统美育思想的核心。

第五，感兴塑造了中国艺术余味悠长的审美效果。“兴”促使艺术作品的内部关系维持一种完全开放的情状。艺术家见物而有所感发，这种意义上的自由联想不会限制艺术欣赏者的联想，使得古典艺术既含蓄又富暗示性。黄宾虹即言：“美在其中，蕴藉多致，

---

① 叶嘉莹：《词学新诠》，32 页，北京，北京大学，2008。

② （宋）朱熹：《四书章句集注》，104 ～ 105 页，北京，中华书局，1983。

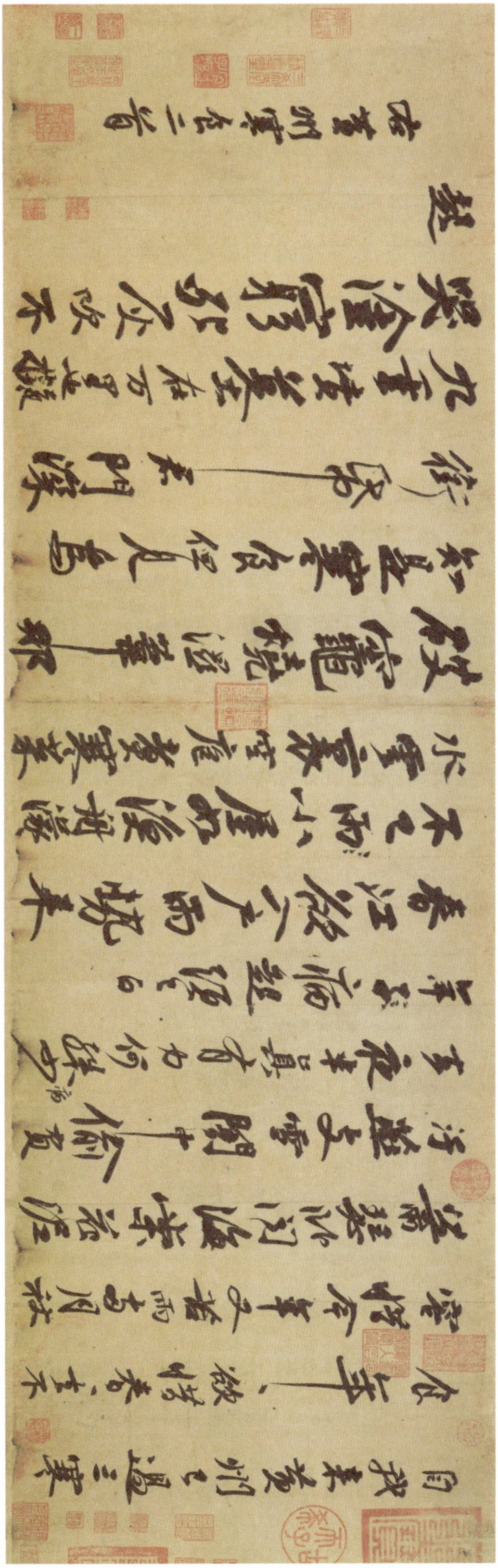

图 6-7
苏轼《寒食帖》

耐人寻味，画尽意在，故初看平平而终见妙境。”[①]“蕴藉多致，耐人寻味”的艺术“妙境”流传千古，画有尽而意无穷，让各个时代的观众流连忘返，勃然而兴。

在此不妨以苏轼的《寒食帖》（图 6–7）为例，来理解中国古典感兴观。苏轼在被贬黄州第三年，于寒食节写下两首《寒食诗》。辞随情发，书随诗成。其诗，黄庭坚为之做跋，认为“东坡此诗似李太白，犹恐太白有未到处”；其书，元代书法家鲜于枢赞之为继《兰亭集序》《祭侄文稿》之后的“天下第三行书”，诗书辉映而成千古名作。其诗曰：“自我来黄州，已过三寒食。年年欲惜春，春去不容惜。今年又苦雨，两月秋萧瑟。卧闻海棠花，泥污燕支雪。暗中偷负去，夜半真有力。何殊病少年，病起须已白。”“春江欲入户，雨势来不已。小屋如渔舟，蒙蒙水云里。空庖煮寒菜，破灶烧湿苇。那知是寒食，但见乌衔纸。君门深九重，坟墓在万里。也拟哭途穷，死灰吹不起。”

初到黄州，苏轼面对横生变故的人生境遇、九死一生的政治倾轧，悲凉，惶惑，孤寂，苦楚，一时之间绝难排遣。《卜算子·黄州定慧院寓居作》中“惊起却回头，有恨无人省。拣尽寒枝不肯栖，寂寞沙洲冷”的“缥缈孤鸿”正是对这一心境的微妙写照。第三年春天，这一心绪终于到了爆发的临界点。苦雨萧瑟两月有余，苏轼眼中娇艳圣洁、奉若珍宝——“只恐夜深花睡去，故烧高烛照红妆”——的海棠花也在凄风苦雨之中零落成泥，他心中蓄积的清冷凄苦之情无以复加。春江水漫，雨势盛大，小屋如同渔舟一般飘荡在水云之间。这座小屋实际上就是苏轼内心的象征。它虽然僻处一隅但绝非闭塞不通，而是无时无刻不与弥漫于天人之间的气往返沟通，为天地之间的时序兴替、物候变化所摇荡，因此“摇荡性情，形诸舞咏”，有感而发，勃然而兴。在感兴之中，“物象”触目皆化为“心象”。“空庖”——空空如也的厨房，“寒菜”——冰凉难入口的菜肴，“破灶”——破陋陈旧的灶台，“湿苇”——被雨水濡湿的苇草，这四个物象中湿冷凄苦的寒意仿佛沁入骨髓。这已经不再是单纯的环境描写，而是叶嘉莹所界定的“兴象”呈现：“先

① 周积寅：《中国历代画论：掇英·类编·注释·研究》，601 页，南京，江苏美术出版社，2013。

对于一种物象有所感受，然后引发起内心之情意，其意识之活动乃是由物及心的关系。”到此，苏轼的目光由眼前投向远方。君门九重，庙堂之路渺远难跻；故乡万里，归乡之途也无可追索。在苏轼心中，此身此刻日暮途穷，心如死灰难以复燃。全诗情感浓度升至顶点，仿佛弥漫着深刻的绝望。但苏轼并没有消沉下去，而是凭借这次情感兴发与艺术疗愈，获得了更生蜕变的力量。他以旷达的心境面对人生的困境，因“昨夜东坡春雨足，乌鹊喜，报新晴”而欢欣，更有“回首向来萧瑟处，归去，也无风雨也无晴”的淡定。后来的《念奴娇·赤壁怀古》和前后《赤壁赋》，更是奠定了东坡居士深情绵邈而超然旷达的历史主像。

苏轼《寒食诗》的抒情调门与笔墨挥洒相互呼应。第一首情感较为沉静悲凉，笔迹占全幅约三分之一；第二首悲愤慷慨，填满了余下空间。他以“自我来黄州，已过三寒食”开首，“自我”二字写得委顿萧散，似无意于起笔而起笔，仿佛只是随意记下所思所想。“年年欲惜春，春去不容惜”，“年”“春”重复出现，以点顿表示叠字，增强字体布局的节奏感。苏轼写字手不悬腕，字形常呈现出扁拙之态，自嘲为“石压蛤蟆体”。但在这里，“年”字挺拔俊秀，被刻意拉长，凸显书者回想过往时光的沉吟之态，又表现了遭到贬谪以来多感时间漫长。第二首诗笔墨的跃动感与重量感大大加强，首联“春江欲入户，雨势来不已”跃动腾飞，仿若春江水涨，雨势漫天。“破灶”以笔根书写，势大力沉，一路写到“衔纸”二字，以笔尖描出，如高音长调，哀转不绝。总体来看，《寒食帖》其书与其诗相得益彰，是苏轼感兴抒写的一体两面，都是无可重复的。也正因此，黄庭坚称“试使东坡复为之，未必及此”，乾隆认为这是“所谓无意于佳乃佳者”。

三、古　雅

中华民族是富有历史感的民族，这深刻地塑造了中国艺术的尚古风貌。在诗、书、画、乐等古典艺术门类之中，慕古、好古、尊古、仿古、汲古、循古、师古、法古、拟古、振古、复古等观念与主张在历史长河中层出不穷，人们每每在艺术史转折之际提倡守先待后、返本开新。时至近代，王国维以现代美学话语对之加以阐释。王国维认为，在西方美学所界定的优美与崇高这两种艺术风格而外，还有足以与之分庭抗礼、具有“独立之价值”的古雅，即“尚古典雅”这一艺术风格。那么古雅是如何体现于中国古典艺术之中的呢？对此，我们需要对艺术品的内在层次稍加区分。艺术品可以粗略分为艺术媒材、艺术形式与艺术意蕴三个层面，而古雅贯通其中，赋予艺术品以沧桑之美、历史之感。

（一）艺术媒材

艺术媒材是艺术作品的物质载体，如绘画的基本元素点、线、面依托于画布、纸绢与颜料等物质载体，雕刻的形体与质感依托于石、木、铜、泥等基本材料。这些物质材料在悠悠时光中会随着日照、风化、尘雾等的浸染，以及人手的摩挲，在表面显现包浆、蚀锈、磨损、漫漶等。这些变化铭刻下岁月的流逝，勾起人们的怀古之情，往往能引发独特的美感体验。唐代李贺在《长平箭头歌》中，吟咏了在古战场上拾获的箭头。“漆灰骨末丹水砂，凄凄古血生铜花。”物体表面被锈蚀得不可辨别，有处如漆灰般黝黑，有处似骨末般惨白，有处如丹砂般深红。最后，诗人才发现这是曾沾染鲜血、现已遍体铜绿的箭头。一阵寒栗传来，兴发了这篇幽艳寒凉、魅影幢幢的诗作。① 这首诗很好地说明了古物穿越时空的感兴之力。

重视古物、收藏金石之风兴起于宋代，欧阳修是这一风尚的引领者。他热衷于收集碑刻拓片，称：“余家集录颜、柳书尤多，惟碑石不完者，则其字尤佳，非字之然也。譬夫金玉，埋没于泥滓，时时发见其一二，则粲然在目，特为可喜尔。”② 欧阳修收集了很多颜真卿、柳公权的书法作品，并且特别喜欢那些残缺不全的碑碣。这并非因为后者书法艺术成就更高，而是因为碑碣的残缺破损唤起了思古之幽情，能使人产生异样的审美体验。基于同样的原因，宋元以来文人之间兴起了以青铜器（图 6–8）来盛放时令鲜花的风尚。

① 对于李贺此诗的完整解读，可参见［美］宇文所安：《追忆：中国古典文学中的往事再现》，郑学勤译，81 ～ 86 页，北京，生活 · 读书 · 新知三联书店，2004。

② 《欧阳修全集》，李逸安点校，2294 页，北京，中华书局，2001。

图 6-8

饕餮纹鼎

袁宏道在《瓶史》中记述道："养花瓶亦须精良……尝见江南人家所藏旧觚，青翠入骨，砂斑垤起，可谓花之金屋。"[①] 青铜古器铜绿锈蚀、青翠入骨的沧桑质感与鲜花娇嫩欲滴、烂漫婀娜的鲜活姿态形成反差，生出古朴清雅的独特美感。这样的清玩雅好也催生了其时绘画的一种流行题材——博古花卉。

（二）艺术形式

艺术形式是对呈现要素的组合配置，如在绘画艺术中巧妙运用点、线、面元素呈现和谐画面，在音乐艺术中精巧配置乐音构成曼妙旋律等。而一代有一代之艺术，艺术形式也是对时代心灵的反映。例如，上古歌谣《弹歌》："断竹，续竹，飞土，逐肉。"二字一顿，简洁质朴，描绘了先民发扬蹈厉的狩猎情景。又如，顾恺之的《洛神赋图》人物叙事与山水写景浑而不分，所绘山水"人大于山，水不容泛"，呈现出稚拙高古的风貌。与后世诗歌和山水画相对比，明显可以看出《弹歌》与《洛神赋图》之艺术形式的时代烙印，呈现出鲜明的古风与古意。但二者更多属于古拙的风格范畴，而古雅在艺术形式层面上不仅追求古风古意，还更强调形式上的

① （明）张谦德、袁宏道著：《瓶花谱　瓶史》，张文浩、孙华娟编著，129 页，北京，中华书局，2012。

成熟和谐。

在中国古典艺术之中，杜甫的诗歌、韩愈的古文与颜真卿的书法堪为典范。苏轼就认为“诗至于杜子美，文至于韩退之，书至于颜鲁公”，“古今之变，天下之能事毕矣”。[①]杜诗是中国古典诗歌的集大成者，可以说众美皆备，古今兼采。其总体旨趣是“别裁伪体亲风雅”，即对关注民生现实、强调风雅兴寄的诗骚传统的继承与发扬。这正构成了杜诗的尚古面向。韩文是唐宋古文运动的核心旗帜，一扫齐梁以来浮艳的骈俪文风，远接先秦诸子的古雅文体，号“文起八代之衰”。颜字方正庄严，齐整大度，呈现出古朴刚健的整体面貌，与其时流行的优雅柔媚、婀娜多姿的二王书风大异其

图 6–9

颜真卿《颜氏家庙碑》局部

① 《苏轼文集》，孔凡礼点校，2210页，北京，中华书局，1986。

趣。杜诗、韩文、颜字，其艺术形式在共通的尚古面相之外都确立了雅正可学的典范之美。与李白诗歌超逸绝伦的天才抒发不同，杜诗“体裁明密，有法可寻”，寓沉郁顿挫之慷慨于严格工整的音律对仗，一直被视为学诗正途；与六朝以至五代的骈文不同，韩文不求骈俪，讲求文从字顺、章法严密，同样确立了自唐代以至晚清的散文正统；与张旭狂草那冲决罗网的纵横挥洒不同，颜字方正雄浑，刚柔相济，通俗易学，其《颜氏家庙碑》（图 6-9）作为楷书丰碑一直是学书入门的重要津梁。[①] 这些都是艺术形式层面所呈现的古雅风貌。

（三）艺术意蕴

艺术意蕴包含艺术作品的主题内容及精神追求。将“古雅”二字分而观之，“古者，故也”，强调艺术作品在意蕴层面的历史传承与人文积淀；“雅者，正也”，强调艺术作品的教化意涵及其体现的道德人格。上文提及的杜诗、韩文、颜字，其古雅风格也体现在艺术意涵上。杜甫的“致君尧舜上，再使风俗淳”的政治抱负，韩愈“博爱之谓仁，行而宜之之谓义，由是而之焉之谓道”的儒家信念，颜真卿“忠义之节，明如日月而坚若金石”的道德人格，使得他们的作品呈现出高屋建瓴、气盛言宜的艺术风貌，具有历久弥新的感召力。

从这一角度出发，王国维认为，古雅艺术在美育方面，甚至比优美或崇高之艺术作品更为重要，因为在西方美学中后者的创造有赖于艺术天才，但古雅艺术的制作并不尽恃艺术天才，而是更依赖人格修养与学识积累。“苟其人格诚高，学问诚博，则虽无艺术上之天才，其制作亦不失为古雅。”因此，古雅艺术在“美育普及之津梁”方面更具潜力。这正是王国维从艺术意蕴层面分析古雅艺术所得出的见解。[②]

艺术媒材、艺术形式与艺术意蕴之于古雅又是不可分割的。具有古雅风格的艺术品，无论是诗文、书画、金石还是乐舞，往往经

---

① 此处参考了李泽厚的相关论述，具体参见李泽厚：《美的历程》，142～149 页，北京，生活·读书·新知三联书店，2009。

② 聂振斌：《中国现代美学名家文丛·王国维卷》，130 页，北京，中国文联出版社，2017。

历了岁月的淘洗，铭刻着时光的痕迹，具有中正、和谐、节制而又精湛的形式之美，被寄予仁民爱物、淡泊清雅的人格涵养，能使艺术公众进入异彩纷呈而又美善合一的古典世界。这也是中华民族的精神原乡。

本章摘要

中国有着源远流长的古典艺术美育传统，它在当代依然彰显出历久弥新的非凡魅力。本章以“气韵”“感兴”与“古雅”三个核心观念为指引，探索中国艺术心灵的关键构成。气韵观念建立在传统的气化论宇宙观之上，形塑了中国古典艺术重传神而不拘泥于写实、偏好飞动流变的动态之美而非静态之美、喜含蓄微妙之境而不喜彰显直露之态等特点。感兴观念建立在自然气感的基础之上，塑造了中国古典艺术浓郁的抒情风格。在艺术创作过程中，抒情之“我”有感于“物”，形成创作生发的起点，推动着审美意象的生成与物化。在艺术接受与欣赏中，感兴还指向艺术作品感发志意的道德教化效果，塑造了余味悠长的审美效果。古雅观念强调古典艺术应在媒材层面以物品表面所铭刻的岁月痕迹为美，在形式层面具有中正、和谐、节制而又精湛的形式之美，在意涵层面被寄予仁民爱物、淡泊清雅的人格涵养。

思考与练习

1. 请选取一幅中国山水画，结合其内容、构图、笔墨等，具体阐释其气韵的呈现。

2. 请选取一首古诗词，结合其背景、主题、修辞等，从感兴论的视角出发展开具体的分析。

3. 请选取一件你认为具有古雅风格的中国艺术作品，从艺术意蕴、艺术形式与艺术媒材三个层面加以阐发。

深度阅读书目

1. 宗白华：《宗白华讲美学》，成都，四川美术出版社，2020。该书从中西文化比较的高度观照中国艺术的美学特质，胜义迭出，异彩纷呈，同时配图精详，便于图文互参。

2. 李泽厚：《美的历程》，北京，生活·读书·新知三联书店，2009。李泽厚巧妙地将中国各门类艺术的发展编织到民族文化心理与集体感性的演进历程之中，写出了非常成功的中国艺术史著作。

3. 李霖灿：《中国美术史》，北京，中信出版社，2018。该书为艺术史家李霖灿的积年之作，论述精审，能很好地引领读者了解中国美术的历史。

4. [美] 宇文所安：《追忆：中国古典文学中的往事再现》，郑学勤译，北京，生活·读书·新知三联书店，2014。该书对中国古典文学中的追忆主题进行了深入考察，才情与思理俱佳，呈现了中国文化与文学的独特魅力。

5. [瑞典] 林西莉：《古琴》，许岚、[瑞典] 熊彪译，上海，上海人民出版社，2019。瑞典汉学家林西莉将 20 世纪 60 年代来华学习古琴的经历与中国古琴的历史娓娓道来，展现了中国古典音乐独特的文人情味。

第七章
中国现代型艺术美育

伴随着中国的现代转型，中国古典型艺术美育逐渐为中国现代型艺术美育所取代，文心涵濡的重心也随之发生了变化。这里的“现代”，作为英文“modern”的汉语对译词，有着与“古代”相对立的含义，涵括了通常意义上从近代、现代到当代的历史时段。那么，中国是何时进入“现代”的？对于这一问题，学术界历来存在不同看法。有人认为明清时期的中国已然有了现代性的萌芽，甚至还有人将其溯至宋元时期。本书暂且采用以下观点，即以1840年鸦片战争的爆发作为中国逐步进入“现代”（含“近代”和“当代”）的标志性时间节点。即便从鸦片战争算起，现代中国也已走过了近两百年的光阴，经历了不同的发展阶段。对此，可从长时段视野出发将中国文化的现代性发展区分为“现代Ⅰ”（从鸦片战争到20世纪80年代）与“现代Ⅱ”（20世纪80年代以来）两个长时段[①]；还可进一步以中时段视野从“现代Ⅱ”中辨认出一个新的阶段，即中国文化现代Ⅱ的“第二波”[②]，以便概括21世纪头二十年中国文化现代性的新变化。为了论述方便，本章把21世纪以来中国文化现代性新的发展阶段称作“现代Ⅲ”。从艺术美育角度来看，上述三种文化现代性分别生产出典型、流兴和流动回溯主导下的现代型艺术美育范式。

---

① 王一川：《中国现代学引论：现代文学的文化维度》，42～51页，北京，北京大学出版社，2009。

② 王一川：《流动回溯的现代性影像——21世纪头二十年中国影视潮》，载《南方文坛》，2020（6）。

一、典 型

中国文化现代Ⅰ时段以1840年鸦片战争爆发为起点，一直持续到改革开放初期。这一阶段的文化现代性主要受制于知识精英对大众的现代科学启蒙、新的全球性体验的表现、机械印刷媒介的普及等，“把语言的拼音化或拉丁化当作现代文化发展的目标，把‘走向世界’视为中国现代文化的神圣使命，把西方文化话语作为自身模仿的范本”，“体现了脱古入今、援西入中等特征，其中心内涵乃是以西方话语为规范”，把中国文化纳入全球性的世界进程。① 从上述归纳中不难见出，这一百多年正是中国谋求国家主权和民族独立的重要时段。在这一较长时间段中，不论是器物、制度层面对西方的学习和借鉴，还是文化的启蒙、社会的动员等，其目标都指向民族国家的构建。也就是说，中国在现代Ⅰ时段里最为重要、最为核心的任务是建构起独立、自主的民族国家身份，进而将自身纳入全球范围的世界进程。与之相对应，若从现代性体验角度看，中国文化现代Ⅰ时段的现代性体验亦是以民族国家为重心，着眼于中国作为世界诸国之一的身份指认和确立，而不再沉浸于古典文化中“天朝上国”或“天下之中央”的想象。

正是基于这样的世界视野和民族国家构建诉求，文学作为这一时段重要的艺术形式，在文化启蒙、民族救亡等方面扮演着相当重要的社会动员角色。其中，小说又作为现代文学的中心文类，一度成为民族国家建构的重要力量。小说之所以能从诸多文类中脱颖而出，一方面得益于梁启超等政治家、思想家的推崇与倡导。在1902年的《论小说与群治之关系》（图7–1）一文中，梁启超将小说推崇到无以复加的高度：“欲新一国之民，不可不先新一国之小说。故欲新道德，必新小说；欲新宗教，必新小说；欲新政治，必新小说；欲新风俗，必新小说；欲新学艺，必新小说；乃至欲新人心，欲新人格，必新小说。何以故？小说有不可思议之力支配人道故。”② 不难见出，梁启超对小说的提倡并非出于小说本身，而是政治革新

---

① 王一川：《中国现代学引论：现代文学的文化维度》，43页，北京，北京大学出版社，2009。

② 郭绍虞：《中国历代文论选（一卷本）》，408页，上海，上海古籍出版社，2001。

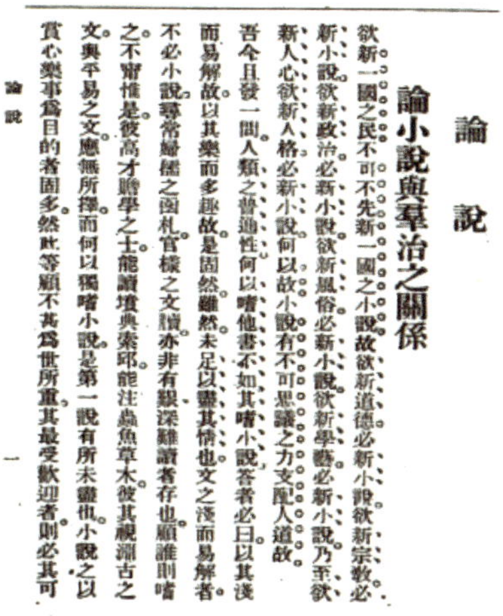

論說

論小說與羣治之關係

欲新一國之民不可不先新一國之小說故欲新道德必新小說欲新宗教必新小說欲新政治必新小說欲新風俗必新小說欲新學藝必新小說乃至欲新人心欲新人格必新小說何以故小說有不可思議之力支配人道故

吾今且發一問人類之普通性何以嗜他書不如其嗜小說答者必曰以其淺而易解故以其樂而多趣故是固然雖然未足以盡其情也文之淺而易解者不必小說尋常婦孺之函札官樣之文牘亦非有艱深難讀者存也顧誰則嗜之不甯惟是彼高才贍學之士能讀墳典索邱能注蟲魚草木彼其視淵古之文與平易之文應無所擇而何以獨嗜小說是第一說有所未盡也小說之以賞心樂事爲目的者固多然此等顧不甚爲世所重其最受歡迎者則必其可

論說　一

图 7–1

发表于《新小说》创刊号的《论小说与群治之关系》

的需要。另一方面，在表达中国人的现代性体验，尤其是在对中国人身处现代生活中的感受、境遇等的反映和呈现方面，小说具备诗歌、散文等其他文类难以比拟的优势。正因为在民族国家构建与现代性体验两方面有突出表现，小说一改历来被视作“小道”的边缘境遇，跃升为现代文学的中心文类和文心涵濡的核心载体。

随着小说成为现代Ⅰ时段的中心文类，典型于是成为与之相伴而生的审美兴象。“典型”(type)原本是外来词，源于希腊文“tupos”，原义为铸造用的模子，后来指接近理想之型的具体模型，在文学中被用来描述在特殊或个别中体现普遍性或共性的人物或事物形象。[①] 典型为马克思、恩格斯所青睐，是马克思主义文艺理论的重要概念，现实主义则被表述为对典型环境中的典型人物的再现。不过，中国文化现代Ⅰ时段审美兴象的典型比马克思主义文艺理论中的典型概念更为宽泛，它突出的是中国文化现代Ⅰ时段的文学艺术以民族国家构建为中心的现代性体验。作为高度凝缩性的兴象，典型可以被视为中国人对自身在现代遭遇的天下与世界、中心与边缘、土与洋、道与器、古与今、个体与群体、个别与普遍等复杂冲突的一种辩证解决方式。这些冲突构成中国现代性体验的内核。而正是在典型中，上述复杂的冲突能够获得一种典范性的表征形式。也就是说，典型满足了中国文化现代Ⅰ时段的审美表达需要。它通过特定的形象系统，能够更有效、更切近地传达出中国人在现代世界的现实境遇和

① 朱光潜：《西方美学史》，695 页，北京，人民文学出版社，1979。

身心体验。以典型为主导的现代型艺术美育，主要体现在用文学艺术作品来表现现代性体验的内在冲突，促进现代国民主体的涵育养成。它具体又体现出两大特征。

一是民族寓言性。“民族寓言”是美国马克思主义文艺理论家弗雷德里克·詹姆逊描述第三世界文学特质时提出的概念。他认为：“第三世界的文本，甚至那些看起来好像是关于个人和利比多趋力的文本，总是以民族寓言的形式来投射一种政治：关于个人命运的故事包含着第三世界的大众文化和社会受到冲击的寓言。”[①] 詹姆逊所揭示的民族寓言性其实也是中国文化现代 I 时段文艺作品的重要特质。即便是那些从表面上看仅仅关注个体身心体验和感受的文艺作品，实际上也包含着丰富的民族国家意涵，这在中国现代文学史上第一篇白话短篇小说《狂人日记》（图 7–2）中体现得相当突出。

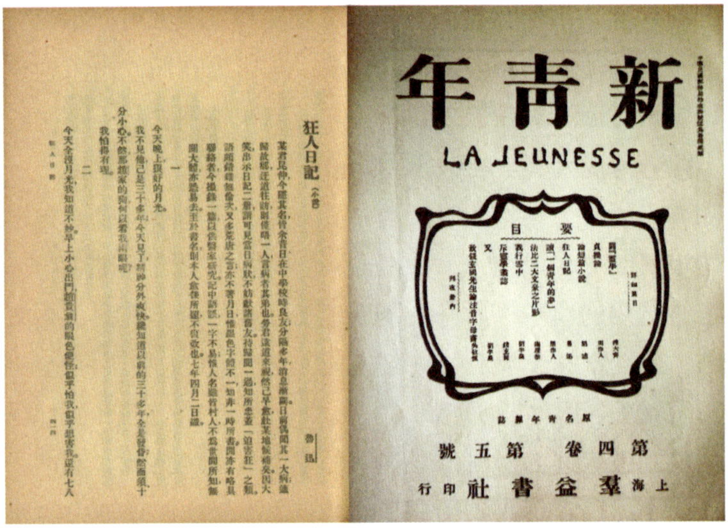

图 7–2

发表于《新青年》的《狂人日记》

《狂人日记》以日记的形式，记录了一个患有被迫害妄想症的年轻人的发病过程。从家人和邻里的言谈举止中，“狂人”发现了“吃人”的“真相”。意识到周围的人“吃人”、做了“吃人的人的兄弟”，甚至怀疑自己“未必无意之中，不吃了妹子的几片肉”后，“狂人”终于发出“没有吃过人的孩子，或者还有？救救孩子……”的慨叹和呐喊。从表面上看，“吃人”仅是“狂人”在发病时的主观臆想，

① ［美］詹明信：《晚期资本主义的文化逻辑》，张旭东编，陈清侨等译，523 页，北京，生活·读书·新知三联书店，1997。该书将詹姆逊译为詹明信。——编者注

但如果将“吃人”的传统置放到当时中国的社会语境中，便不难发现其中的民族寓言性。正因为痛感中国封建传统的迂腐顽固，鲁迅才借用了“吃人”的比喻来指涉封建礼教对民众思想的钳制和束缚。通过塑造“狂人”这一崭新的艺术形象，《狂人日记》对封建礼教展开了激烈批判，获得了文化启蒙的社会效果。

与《狂人日记》类似，鲁迅的其他小说如《阿Q正传》《药》等也都带有鲜明的民族寓言性。

民族寓言性广泛存在于五四时期作家的文学作品中。郁达夫的小说《沉沦》就是一个例子。《沉沦》讲述的是一个留学日本的中国学生的故事。从表面上看，主人公的敏感与忧郁源自性欲需求的被压抑，但若进一步追问则不难发现，这种性格上的敏感多疑其实始终与他作为弱国国民的身份扭结在一起，于是才有了主人公蹈海自尽前的独白：

> 祖国呀祖国！我的死是你害我的！
> 你快富起来！强起来吧！
> 你还有许多儿女在那里受苦呢！①

这段独白真实地记录了一个当时来自弱国的留学生在日本留学时的创伤性体验。小说主人公愈是自卑、怯弱，他对祖国富强的殷切期盼便愈加强烈，从中我们见到的是私领域的性压抑与公领域的政治身份之间的内在联系。主人公蹈海自尽前的呼告无疑试图唤醒读者的国民身份。

二是社会动员性。以典型为主导的现代型艺术美育试图通过文学艺术达到唤醒民众的社会动员效果，这主要是通过卡里斯马典型的塑造来实现的。卡里斯马（charisma），原本是基督教使用的词语，意为神圣的天赋，后指有神相助的人。德国社会学家马克斯·韦伯把现代社会依靠情感进行的合法性统治概括为卡里斯马型，以区别于法理型和传统型。美国社会学家爱德华·希尔斯进一步把卡里斯马从领袖人物推展到行为模式、角色、制度、象征符号和实际物体等文化层面，其中但凡体现出原创性、神圣感召力等超凡特征，都

① 郁达夫：《郁达夫小说》，151页，杭州，浙江文艺出版社，2017。

被认为带有卡里斯马品格。受到韦伯和希尔斯的启发，《中国现代卡里斯马典型》一书用“卡里斯马典型”来命名20世纪中国小说中最为常见的人物类型。从晚清时期的黄克强、老残、狄必攘到鲁迅笔下的“狂人”和左翼文学中的革命知识分子典型，到抗战时期的农民典型奚大有、华生、郭全海，再到20世纪五六十年代的社会主义新人典型，都属于卡里斯马典型。卡里斯马典型具有象征性、中心性、原创性和神圣性等特点，但这些特点“并不以强制和理性的面目出现，而总是委婉显现为个人超凡魅力的情感激荡”[①]。换言之，正是这种情感的激荡赋予了卡里斯马典型以感染力和感召力，从而使其得以进行社会动员。柳青《创业史》中的梁生宝便是这种卡里斯马典型。通过赋予梁生宝以社会主义新人的理想人格和美好品质，小说不仅在合作化运动中起到了社会动员的作用，而且力图呈现新社会规划场域中复杂的矛盾与冲突，在文学艺术层面谋求现实问题的想象性解决，提供了现代型艺术美育的典范。

二、流　兴

大致从20世纪80年代开始，中国的文化现代性逐渐从现代Ⅰ时段过渡到现代Ⅱ时段。相较于现代Ⅰ时段，现代Ⅱ时段呈现出诸多新变化。从发展动力上看，现代Ⅱ时段“不再单纯标举精英对大众的启蒙，而是寻求多重主体与他者之间的不同趣味的异趣沟通”；不再只是兴奋于全球性体验的表现，而是探索全球视野中的地方化状况；“不再把机械印刷媒介及其传输的文学尊为艺术家族的霸主，而是看到以电子媒介为载体的电影、电视和国际互联网在视觉图像方面的强大力量；不再单纯地突出文学艺术的审美性，而是看到其与商品性的紧密联系；不再把文学视为个体创造物，而是看成文化工业或文化产物的组成部分”。从主要话题上看，现代Ⅱ时段不再像现代Ⅰ时段那样“以语言的拼音化或拉丁化为发展目标、以‘走向世界’为神圣使命、以西方文化话语为自身范本，而是承认方块字即汉语形象的实体地位，在继续借鉴西方文化的前提下及过程中努力寻求中国自身的文化话语”。从文化特征上看，现代Ⅰ时段偏

---

① 王一川：《中国现代卡里斯马典型——二十世纪小说人物的修辞论阐释》，14页，昆明，云南人民出版社，1994。

重于“脱古入今、援西入中”，现代Ⅱ时段则突出“在世兴我”，即在全球化的世界中兴立中华自我。从地位上看，在现代Ⅱ时段，“文学（如小说）已经不再被要求首要地承担社会动员的任务，相应地不再高居人文学科的王冠宝座，而是游移到艺术和艺术学家族的边缘：如果说，由电子媒介传输的电影、电视和国际互联网已成为当今的核心艺术，那么，文学已不折不扣地成为边缘艺术，至多是在核心与边缘之间徘徊”①。从艺术兴象上看，现代Ⅰ时段的主导兴象是典型，现代Ⅱ时段的主导兴象是流兴。

流兴也是20世纪中国文学所特有的兴象。不同于典型在现代文学史上长期占据的主流地位及其沉重稳固的审美形态，流兴属于一种融会古典感兴与现代性体验的新型兴象，带有轻灵流动、短暂易变的现代审美特性。流兴之“兴”指的是在中国古典文化场域中生长出来的富于深长余兴的感兴。《说文解字》注：“興，起也。”②从字形上看，“兴”是一种原始巫术仪式：众人合力举起一件器物。“同”被置于“兴”（興）的核心，意味着这一仪式凝聚着先民试图在众力协作中实现对永恒的大同模式的瞬间占有与享受的无限努力。这样的“兴”实际上构筑起中国人独特的生存体验。在此基础上的感兴也即感物起兴或感物兴起，它作为对个体现实生存体验的表达开始进入文学领域，逐渐成为中国古典文化一种基本而独特的审美品格，发挥了文心涵濡的育人功能。

流兴之“兴”源于中国古典文学的感兴传统，流兴之“流”指的是一种流动不息、流溢不止的状态，即原有的古典性体验在现代社会中散落、消散或播散开来的状况。“㳅，水行也。从林㐬。㐬，突忽也。㐬之本义谓不顺忽出也，引申为突忽，故流从之。”③依《辞源》所释，“流”有“水移动”“水道”“支流”“移动无定、放荡”“寻求、择取”“边远地区”“新莽时的银两单位”等义，其间多有流变之意。不过，流兴之“流”的真正意涵远不在其字源学的考据，而在

① 王一川：《中国现代学引论：现代文学的文化维度》，49～50页，北京，北京大学出版社，2009。

② （汉）许慎撰：《说文解字注》，（清）段玉裁注，105页，上海，上海古籍出版社，1981。

③ （汉）许慎撰：《说文解字注》，（清）段玉裁注，567页，上海，上海古籍出版社，1981。

于它是对现代性之变动不居性质的最好描述。当下，我们正处于一个言必称现代性的时代。但究竟何谓现代性？我们又该如何定义现代性？最显然易见的理解是，现代性是对一个自诞生之日起所有的人、事、物都一起被卷进一个充满斗争与冲突、崩溃与更新的模棱两可的世界之根本性质的概括。正如《共产党宣言》所指出的，在这个被称为“现代”的世界里，“一切等级的和固定的东西都烟消云散了”①。所谓“现代性”，就是原有的某种传统在这一世界消散、流溢开来的状况。因此，流兴之“流”揭示了当今流动的现代社会状况的新奇之处，这在某种程度上也与英国社会理论家齐格蒙特·鲍曼用“轻灵”或“流动”来概括现代性的本质是相通的。②

总而言之，流兴作为中国现代文学特有的兴象类型，是中国古典感兴在流动的现代性语境中遭遇裂变后的流变物。当原来生气勃勃的古典感兴整体被现代性无情地撕裂、击撞为碎片时，它们并未走向凋残与寂灭，而是在现代性语境中流溢、铺散开来，生成新的审美对象——流兴。流兴在现代风行的根本原因在于：它适时满足了在经济全球化或世界化语境中，现代中国人重新体验古典文化传统，寻求“在世兴我”的特殊需要。置身于崭新却又倍感陌生的世界中，中国人易生出无家可归似的焦虑感。“根”的失落危机迫使我们回过头，将在现实中寻求安身立命之所的希望投寄于深厚的中国古典传统。在回瞥中，我们流连于古典文学（尤其是诗、词、曲、赋、散文）的意境，不忍离去。对于飘逝而去的文化传统的怀念与想象，促使我们创立了古典感兴的现代流变物——流兴。对于现代中国人而言，流兴具有双重美学功能：既能让人们重新回望被现代性割裂的古典传统，又能满足人们对现代生活的新诉求。一言以蔽之，流兴是古典感兴在现代衰颓时散溢出的流变物，令人觉得陌生又熟悉。

置身于中国古典文化影响减弱的时代，中国人如何找寻安身立命之处？出路有二：一是开拓现代性体验的新境界，这便是典型；二是在现代性情境中重新激活、体认中国古典文化的余韵，这便是流兴。如果说典型主导下的现代型艺术美育围绕现代民族国家构建展开，具有固态、稳定、趋于集体化的特点，那么以流兴为主导的

---

① 《马克思恩格斯文集》第2卷，34～35页，北京，人民出版社，2009。

② ［英］齐格蒙特·鲍曼：《流动的现代性》，欧阳景根译，1～23页，上海，上海三联书店，2002。

现代型艺术美育则把个体生命作为承载古典余韵的容器，呈现出液态、变动、趋于个体化的特点。20世纪80年代初文艺创作中“向内转”的思潮，便是现代型艺术美育从典型主导转向流兴主导的标志性事件。作为新时期文艺创作的整体趋势，“向内转”指的是“文学创作的审美视角由外部客观世界向着创作主体内心世界的位移。具体表现为题材的心灵化、语言的情绪化、情绪的个体化、描述的意象化、结构的散文化、主题的繁复化”①。从朦胧诗开始，以典型为核心的现实主义文学观受到冲击，对国家、集体、阶级的强调让位于复杂多变、迂回曲折的主体世界。20世纪80年代中期，“向内转”更是经由现代派小说、寻根小说、实验小说等文学新潮发展壮大，极大地改变了当代文学的面貌。诗人舒婷的代表作《致橡树》便是体现流兴意蕴的佳作，具体可在两个层面上进行分析。

第一，诗歌主题的个性化、主体化。不同于20世纪50年代的颂歌传统及60年代的战歌传统，《致橡树》摆脱了政治叙事框架，转向对女性个体意识以及与之相关的现代爱情观的思考与弘扬。

第二，诗歌表达的心灵化、朦胧化。《致橡树》突出的审美特征不只在于其个体化题材，更在于其表达的心灵化、朦胧化。也即是说，诗歌表达的重心从外部世界转向内心世界，由侧重客体意象的反映转向对主观情思的刻画。在《致橡树》中，诗人高密度地采用多重意象谋篇布局：首先以凌霄花、鸟儿、泉源、险峰、日光、春雨等六种客体意象来象征传统的爱情观。对其一一否定后，诗人通过木棉的抒情独白展开与橡树的“对话”，逐渐传达出高标准的爱情观，并辅以根、叶、枝、花、寒潮、风雷、霹雳、雾霭、云霞、虹霓等意象来说明“独立相依”的现代理想爱情。但在该诗中，诗人的本意并不在于对客体意象的单纯刻画，而是借助意象的描述来传达其内在情思的复杂性与多变性。通篇读来，《致橡树》曲折有致，跌宕起伏，令人回味再三。它既有现代个体意识的勃兴，又深蕴古典感兴的余韵。

流兴也广泛存在于艺术领域。20世纪70年代后期，一些年轻艺术家对“文化大革命”时期占据主导地位的现实主义艺术观念感到不满。他们向西方现代派艺术学习，开启了与现实主义风格迥异

---

① 鲁枢元：《文学的内向性——我对“新时期文学‘向内转’讨论”的反省》，载《中州学刊》，1997（5）。

的现代主义艺术探索。1979年，这些艺术家以“星星美展”的方式集体亮相。从此以后，形形色色的先锋艺术接连登上历史舞台，异彩纷纭。这些被称作“现代主义”的艺术探索，一方面与西方现代主义艺术潮流接轨，另一方面以不同方式激活了古典艺术传统。

在融汇古典与现代方面，吴冠中可谓当代最具代表性的画家之一。吴冠中早年师从常书鸿、关良、潘天寿，对中西绘画都有所涉猎，后留学法国，对西方现代派艺术颇有会心。20世纪50—70年代，吴冠中主要致力于油画的民族化，创作了《苏州水巷》《鲁迅故乡》等作品。这些作品大都清新明快，富有民族特色和抒情意味。后来，他积极从事水墨画创新，其画作介于具象与抽象之间，注重点、线与模块交融的韵律感，具有强烈的艺术个性和现代气息。无论是油画时期还是水墨画时期，江南水乡都是吴冠中反复描摹的对象。出生于江南，使得吴冠中对江南景致有着特殊的感情。他长期在江南写生，通过对自己最熟悉的风景的反复摹写进行艺术形式的探索。创作于1980年的油画《江南人家》便源自他在苏州角直的写生。这幅作品采用了黑白灰色块对撞的效果，既有西方现代派的形式感，又深得传统水墨画的余韵。他曾这样追溯自己的创作过程：“我追捕错觉中的造型构成，块面为主导的房顶与门窗形体交响曲，黑、白、灰之分布虽源于客观对象，但受控于乐曲的指挥。高高的白墙顶天而坠，一个拐折而由小桥接力，小桥台阶的横道道收缩了众多垂线。从最大块的屋顶到最小点的窗，从纯黑的洞到纯白的墙，尽量发挥对比之功效。深色之间冷暖变化多，白墙之上明度层次微，笔扫纵横，有意配合横与直之构成。彩色镶嵌是画里珠宝，人间衣衫。”[①] 而这一形式探索的背后则是其在艺术创作中融汇中西美学的积极意识。在吴冠中看来，西方的立体派、野兽派绘画运用大色块的手法乃与中国传统水墨画存在着共通处，而正是通过对中西互通的艺术形式的探索，他持续推进着中国传统美学的现代转化工作，故而也才有了《江南人家》中水墨画的韵致借助油画的色块对撞而获得复现的奇妙效果——中国古典流兴的美感韵味在现代派流动不居的形式实验中得到保留与呈现。可以说，在吴冠中这种自觉的

---

① 吴冠中：《吴冠中画作诞生记》，49页，北京，人民美术出版社，2008。

融贯中西的形式实验中，古典余韵与现代派手法相得益彰。古典美借助现代形式得以成功转化，深具流兴意蕴。

三、流动回溯

进入 21 世纪，现代Ⅱ时段的中国文化又有了新的变化。如果说 20 世纪 80 年代开始的现代Ⅱ时段的第一波重在“走向世界”，那么 21 世纪以来的现代Ⅱ时段的第二波（这里不妨写作“现代Ⅲ”）则重在“走在世界”。21 世纪初发生的三件事，在中国文化“走在世界”方面具有标志性的意义：一是中国正式加入世贸组织（WTO），二是成功申办 2008 年北京奥运会，三是 2002 年党的十六大要求高度重视文化产业发展。这三件事标明了崛起的中国对于与迅速发展的经济建设水平相匹配的文化水平的迫切要求。党的十六大报告《全面建设小康社会，开创中国特色社会主义事业新局面》指出：“发展文化产业是市场经济条件下繁荣社会主义文化、满足人民群众精神文化需求的重要途径。完善文化产业政策，支持文化产业发展，增强我国文化产业的整体实力和竞争力。”[①] 如果说在这一论述中文化的重要性受到了重视，那么在 2012 年以后的政策文件中，文化直接被提升至国家战略的高度。在 2013 年党的十八届三中全会通过的《中共中央关于全面深化改革若干重大问题的决定》中，随着“实现中华民族伟大复兴的中国梦”目标的确立，中华优秀文化传统复兴的题旨被正式列入国家战略。在一系列政策的推动下，中国文化事业的目标从建设与快速增长的经济水平相匹配的文化，发展为接受和继承中华优秀文化传统。这一转向充分表明，现代Ⅲ时段在国家文化战略层面越来越注重世界语境中中华优秀文化传统的当代意义。

上述变化表明，现代Ⅲ时段呈现出自己的特点。一方面，21 世纪以来中国现代性的显著特征是注重与各国共同开展经济和文化等方面的交流与合作，以流动的现代性视野来考察这一时段的艺术形态，从而更好地把握改革开放不断深入背景下中国社会的“流动性”趋势：全球性产业、商品等急速流动的消费热潮带来巨大的冲击波，

---

① 《江泽民文选》第 3 卷，561 页，北京，人民出版社，2006。

每一个个体、家庭、群体与地区都难免被卷入现代性洪流。另一方面，21 世纪以来的中国现代性虽然面向世界现代性的先进目标奔涌而去，但同时又在丧魂落魄中被迫返身朝向古典传统溯源。这一回溯性面相以中国古典传统为战略标杆，“中华文化”“中国精神”“中国故事”等与传统紧密关联的社会热词即为例证。因而从整体来看，21 世纪以来出现的这种中国文化现代性既是流动的，又是回溯的。“流动”表明中国社会发展进程中急速求变、连续流动、变化不止等特点，呈现为个体向外扩张的无尽欲望流；“回溯”表明同时它存在回头反思、返身溯源、复兴古典等特点，体现出整体向内收缩的理性节制力。

这种文化现代性的新特点也带来了美育层面的新形态：流动回溯。需要说明的是，以流动回溯为主导的现代型艺术美育虽然不同于以典型或流兴为主导的现代型艺术美育，但又与二者存在密切联系，是对二者的综合。前面已提到，以典型为主导的现代型艺术美育以民族国家构建为核心，呈现出固态、稳定等特点；以流兴为主导的现代型艺术美育以个体生命为核心，呈现出液态、流动等特点。流动回溯身兼二者。一方面，在以流动回溯为主导的现代型艺术美育中，现代Ⅰ时段以民族国家为主导的典型与现代Ⅱ时段以个体为主导的流兴之间发生了相互交织的复杂作用，并在一定程度上促成了个体与国家的互动生成；另一方面，流动回溯融固体属性与液体属性于一身：“简言之，流动回溯的现代性是指在向前奔涌的流体中又回溯的固体姿态，回溯的固体姿态依旧为着向前的流动态势，如此形成流体主导下的流体与固体的交融态势。”[①]

就核心艺术媒介而言，现代Ⅲ时段出现了与现代Ⅰ时段和现代Ⅱ时段不同的变化。如果说在现代Ⅰ时段，文学尤其是小说得以崛起，承担了现代型艺术美育的重要功能，而从现代Ⅱ时段开始，小说的核心地位受到来自电影、电视、互联网等视觉媒体的冲击，那么，到了现代Ⅲ时段，小说在现代型艺术美育上发挥的主导性作用已然为电影、电视、互联网等视觉媒介所取代。纵观 21 世纪以来的艺术发展历程，一个不可忽视的现象是以影视为代表的大众艺术较之

---

① 王一川：《流动回溯的现代性影像——21 世纪头二十年中国影视潮》，载《南方文坛》，2020（6）。

于文学等高雅艺术能够更迅速地掌握巨量的观众并形成大众热潮。与语言艺术和视觉艺术等艺术门类相比，影视艺术门类群在整个艺术门类中有着独特的性质与作用。诚如法国哲学家阿兰·巴迪欧所指出的，电影是一种“哲学体验”或“哲学情境”。这意味着影像艺术可以通过摄像机及后期特效技术所创造的流动影像系统为观众提供逼真的人生情境与体验，进行不同的美学反思。更重要的是，电影不再是艺术家的个体创作，而是有着强烈的商业性，属于当代文化工业的组成部分。相较于文学作品，电影不仅更容易为公众所获取，而且也往往因为对公众的重大影响而成为意识形态竞逐的对象。

近年来，随着《战狼2》《红海行动》《流浪地球》等影片的出现，体现个人与国家的互动生成关系的流动回溯，已然成为当下中国电影发展的新趋势。在这方面最为显著的莫过于国庆献礼片。作为一种新的类型形态，国庆献礼片建构起影视明星联合出演、发挥国家节庆献礼作用的大片模式。其内容紧扣国庆纪念，旨在唤醒观众对相关社会历史事件及其价值意义的体验与反思。2019年国庆上映的《我和我的祖国》作为中华人民共和国成立70周年的献礼之作，与《建国大业》《建党伟业》《建军大业》等围绕重要历史人物和历史事件展开的电影最大的不同，便在于把叙事视点放在了普通人身上。这部由七位导演分别执导的短篇单元组成的电影不再追求宏大叙事，而是从小处着手，通过不同人物的日常生活叙事表现对祖国的爱。其中《北京你好》单元讲述的是2008年北京奥运会期间一位北京出租车司机的遭遇。从抽奖获得奥运会开幕式门票的得意、炫耀，到由门票引出的一连串乌龙事件，该单元塑造出一位爱吹牛却又心地善良的北京出租车司机的鲜活形象，暗中完成了“我”和祖国之间亲密联系的建构。

2020年国庆档上映的影片《我和我的家乡》沿用了《我和我的祖国》的小人物叙事模式，且更为自如地添加了喜剧色彩。通过发掘日常生活中的平凡故事，电影让观众在笑声中感受着祖国强大后小康时代的幸福与温馨。譬如在《北京好人》单元中，张大爷由于不想借钱而选择“骗保”，引发了一系列略带荒诞的悲喜故事，烟火气与平民喜剧美学在影片中得到了生动的诠释。如果说《我和我的祖国》中的流动回溯集中体现为从历史大人物到普通小人物的叙事模式转变，那么《我和我的家乡》中的流动回溯则体现为从小人物正剧到小人物喜剧的转进。电影通过平凡人的视野来讲述平凡人的故事，在打动观众的同时又传递出大时代的声音，以文心涵濡的方式实现了意识形态的缝合作用，在当代中国承担起重要的艺术美育功能。

流动回溯的艺术美育不仅在21世纪以来的电影领域方兴未艾，电视剧领域也涌现出不少与之相关的佳作。2018年的电视剧《大江大河》作为改革开放40周年的献礼作品，最显著的特色便在于通过对个人命运的讲述致敬改革开放的时代成就；2021年的电视剧《山海情》同样通过讲述大西北扶贫工作中几个青年的成长故事，展现了个体与国家之间荣辱与共、水乳交融的互动关系，实现了艺术性与意识形态性的双重成功。可以说，对流动回溯的影像及其价值系统的发掘和表达，已然构成近年中国影视艺术的一大突出成绩。这些以流动影像的创造为主的影视艺术门类，与日益活跃的全球流行文化、消费文化的快速发展相适应，在相当程度上贴合了流动回溯的现代审美表现方式，不仅具备较高的艺术价值，也以文心涵濡的方式产生了良好的公共影响。

本章摘要

中国现代型艺术美育是中国文化现代性的伴生物，于是对应着中国文化现代性的三个阶段，分别出现了以典型、流兴和流动回溯为主导的艺术美育范式。典型主导下的现代型艺术美育范式是以民族国家构建为中心的现代性体验，主要通过文艺作品促进政治主体认同，其主导艺术形式是小说。流兴主导下的现代型艺术美育以个体生命为核心，是古典感兴在流动的现代性语境中遭遇裂变后的流变物，主要通过文艺作品服务于个体意识的觉醒。这一阶段的主导艺术形式已经受到电影、电视等大众视觉媒介的冲击。流动回溯主导下的现代型艺术美育作为21世纪以来文化现代性的新发展，兼具流动与回溯的双重性质，主要以文艺作品服务于个体与国家关系的互动生成。在这一阶段，电影、电视、互联网等大众视觉媒介已然取代了小说，成为施行艺术美育的主导艺术形式。

思考与练习

1. 为何说典型主导下的现代型艺术美育具有民族寓言性？请结合作品谈一谈这种民族寓言性在现代文学中的体现。

2. 为何说流兴是古典感兴在现代性语境中遭遇裂变后的流变物？请谈谈流兴主导下的现代型艺术美育与中国古典型艺术美育存在什么样的联系与区别。

3. 除了本章所举的例子外，流动回溯还存在于近期哪些影视作品中？请结合具体作品进行分析。

深度阅读书目

1. 俞玉滋、张援：《中国近现代美育论文选（1840—1949）》，上海，上海教育出版社，1999。通过阅读书中所选王国维、蔡元培、梁启超、朱光潜、宗白华等美学大家的文章，读者能进一步了解近现代中国的美育思想。

2. 王一川：《中国现代学引论：现代文学的文化维度》，北京，北京大学出版社，2009。该书对中国文化现代性问题进行了深入分析与总结，有助于读者了解现代型艺术美育分期问题。

3. 王一川：《中国现代卡里斯马典型——二十世纪小说人物的修辞论阐释》，昆明，云南人民出版社，1994。该书描绘了20世纪中国小说中卡里斯马典型兴起与衰落的过程，有助于加强读者对典型问题的认识。

第八章

外来型艺术美育

本章讨论的外来型艺术美育，指西方艺术美育观念在不同历史阶段的主要表现特征。西方艺术美育形态从15、16世纪开始，随着欧洲大陆萌发的资本主义、殖民主义拓展至全球，对世界产生了深远的影响。它还深刻影响了各民族国家现代化进程中艺术美育观念的形成。本章对外来型艺术美育的讨论主要聚焦于欧美这一特定地理空间。

一、古希腊艺术美

古希腊艺术美的基本特征是，虽然表现题材与希腊神话有着密切的关系，但这些艺术创作往往充溢着人世的现实精神。人的世界以美的形式，在神的故事中被表现了出来。

《荷马史诗》第十八卷“赫菲斯托斯为阿基琉斯制造铠甲”，从第483行开始对阿基琉斯的盾牌做了精彩描述，在欧洲艺术史留下了绚丽的一笔：

> 他在盾面绘制了大地、天空和大海，
> 不知疲倦的太阳和一轮望月满圆，
> 以及繁密地布满天空的各种星座，
> 有昴星座、毕星团，还有猎户星座，
> 以及绰号称为北斗的大熊星座，
> 它以自我为中心运转，遥望猎户座，

只有它不和其他星座为沐浴去长河。[①]

阿基琉斯的盾牌从内到外分为五层，最里一层是由大地、天空，星辰、大海形成的宇宙，构成了古希腊人想象中的天地形象。在这个秩序中，时间的变化对星辰的影响微不足道，重要的是它们作为被感受的形象被呈现了出来。这意味着这个宇宙不仅是一个眼中可见的世界，还是一种象征性秩序，它的背后存在着神圣的精神力量。这种神圣的精神力量当然不只存在于天上，更是存在于大地上。随后，荷马开始描述盾牌上每一层现实世界的样子。第二层是两座城市，一座在举行婚礼和宴饮，另一座则正遭受军队的袭击；婚礼中灯火照耀着新娘，宴饮中人们在争吵；战争中进攻者犹豫不决而守城人意志坚定，开始搏斗。在城市之外，盾牌又刻画出普通农人的生活，表现的是他们高超的耕作技巧还有为此付出的辛劳。第三层是王家的农田和葡萄园。割麦人镰刀锋利，国王因丰收而欣喜，妇女给割麦人奉上雪白的面粉；在藤叶繁茂的葡萄园中，有少男少女的无忧无虑，还有篮筐中的累累果实。第四层是牲畜、猛兽还有牧场。牛群冲出了围栏，狮子伺机攻击。牧场中是雪白的绵羊。第五层是一个跳舞场，青年男女华美的服饰还有他们欢悦的神情，让盾牌熠熠生辉。

显然，盾牌刻画的世界是一个高度世俗化的美的世界。“苍穹与大地、战争与和平、城镇与乡村、工作与游戏，通过这种对立面的和谐，部分与整体的关系变得直接可解并富有意义，几乎无需任何的解释。”[②]古希腊人的日常生活，还有激烈的战斗场景就这样呈现在人们眼前。荷马在这个世界中歌颂的是生活的美好、生命的欢乐。人的世界和盾牌中心的宇宙秩序相互辉映，组成了希腊世界的世俗空间和神话空间交互影响、相互生发的两维。

《荷马史诗》的写作时间在公元前10世纪到公元前8世纪之间，作者其实很有争议。从写作时间上看，《荷马史诗》由集体创作的可能性比较大，公元前8世纪被归结到一个叫“荷马”的人的名下。《荷

① 《罗念生全集》第5卷，478页，上海，上海人民出版社，2007。

② ［德］汉斯·罗伯特·耀斯：《审美经验与文学解释学》，顾建光、顾静宇、张乐天译，96页，上海，上海译文出版社，1997。

马史诗》中洋溢着现世精神，充满对生命的赞美。因此，鲍桑葵说："希腊诗歌和造型艺术的创立可以看做是介乎民间实用宗教和批判性的或哲学的反思之间的一个中间阶段。这一艺术的神话内容并不是诗人或造型艺术家臆造出来的，而是在长期发展过程中逐渐摆脱野蛮状态的民族心理的产物。"[①] 这个解释比较客观地说明了《荷马史诗》形成的原因。

人的形象作为一种美的形象，在古希腊艺术中被表现出来。亚里士多德在《诗学》中说荷马是值得称赞的，因为他知道一个史诗诗人应该做什么："史诗诗人应尽量少用自己的身份说话；否则就不是摹仿者了。"[②] 在亚里士多德看来，荷马的优点在于让男人女人自己出场，而且每个人都有自己的性格。例如，跛足的赫菲斯托斯接受了阿基琉斯的母亲忒提斯的请求，打开风箱，准备好工具，开始为阿基琉斯锻造盾牌。他放好砧板，抓起重锤和大钳，把锡块和铜块扔到火里。制作好盾牌，他又为战神精心制作铠甲。这位荷马口中的"跛足神"显然是古希腊匠人的人格神。他自豪于自己的手艺，也自豪于自己的劳动付出。因此，这个形象在富有神的色彩的同时，也具有人的精神。这正是《荷马史诗》极富华彩的地方。亚里士多德强调的是，荷马在塑造赫菲斯托斯时，一定是忘记了自己的诗人身份，而全身心地投入对人物形象的刻画中。在荷马的叙述中，不仅是这个神所塑造的世界，还有神的劳动本身，都是美的；这也让具有强烈人性色彩的神成为人的精神世界的折射。

将神的精神和人的精神相混合，使对现实的超越精神和世俗精神相交汇，以塑造一种神圣的魅力，这一特征还鲜明地体现在古希腊的建筑上。最典型的莫过于雅典卫城中的帕提侬神庙（图 8–1）。公元前 13 世纪，雅典卫城就已经是一座要塞了。在公元前 5 世纪中期的伯里克利时代，雅典卫城逐步成形，帕提侬神庙则是该城的中心建筑。这座神庙东、西、北三面环绕着群山，南面是爱琴海。神庙入口处立有八根多立克式石柱，支撑起庙宇的外檐，并与内部的石柱相应和，组成了神庙的柱廊。柱廊衔接起庙宇外的世俗空间

---

① ［英］鲍桑葵：《美学史》，张今译，16 页，北京，商务印书馆，1985。

② ［古希腊］亚里士多德、［古罗马］贺拉斯：《诗学　诗艺》，罗念生、杨周翰译，84 页，北京，人民文学出版社，2008。

图 8–1

帕提侬神庙

和庙宇内的神圣空间。高大挺拔的石柱带给人精神振奋的感受，并引导人的精神超越现实世界，进入神圣世界。朱光潜说，我们在看到多立克式石柱时，“往往觉得它耸立飞腾，现出一种出力抵抗不甘屈挠的气概”[①]。这正是引人进入神圣世界的方式。这座神庙没有像早前的希腊神庙一样，在庙内东侧设置祭坛，提供祭祀活动的空间。但在古希腊人举行纪念雅典娜的游行活动时，帕提侬神庙往往是游行的终点。因此，这座神庙更像是民众集会的场所，是神的超现实世界和人的世俗世界交汇之处。古希腊艺术美最值得称赞的，就是它在历史的发展中不断发现并肯定人的精神，并在对神的歌颂中时时指向对人的赞扬。

二、浪漫主义艺术美

浪漫主义艺术美指从 18 世纪中后期一直蔓延到 19 世纪初期的艺术美学思想和实践，它的特点是极大地肯定了人对美的世界的创造能力以及美对人的天性的解放能力。这首先表现在对待自然的态度上。

---

① 朱光潜：《文艺心理学》，47 页，合肥，安徽教育出版社，1996。

1827年，德国诗人歌德在和爱克曼讨论荷兰画家鲁本斯的自然风景画时，留下了这样一段话：

> 艺术家对于自然有着双重关系：他既是自然的主宰，又是自然的奴隶。他是自然的奴隶，因为他必须用人世间的材料来进行工作，才能使人理解；同时他又是自然的主宰，因为他使这种人世间的材料服从他的较高的意旨，并且为这较高的意旨服务。
>
> 艺术要通过一种完整体向世界说话。但这种完整体不是他在自然中所能找到的，而是他自己的心智的果实，或者说，是一种丰产的神圣的精神灌注生气的结果。[①]

歌德谈到了艺术家和世界的关系。艺术家既要从自然中选取他用以创造的材料，又不能局限于这些材料，因为艺术家一定要服务于一种更高的目的，这也让艺术家创造的艺术世界成为“自己的心智的果实”。被创造出来的艺术世界不仅来自自然，而且高于自然，是自然中所没有的。歌德说鲁本斯的绘画就有这个特点，提醒爱克曼观察鲁本斯绘画中的光影。爱克曼惊异地发现，鲁本斯所画的自然风景画中有两个光源。一个是来自自然本身的光源，这个光源在绘画中塑造出物体的自然状态，包括它明亮的部分和阴暗的部分。另一个是来自画家的观察视角的光源，这个光源照亮了绘画中的人物，尤其是林木阴影中的人物。爱克曼观察到这个细节后不禁说这是违反自然的。歌德却说，关键就在这里。鲁本斯正是用这种方法证明了自己的伟大，站得比自然更高一层：“要说这是大画师的大胆手笔，他用这种天才的方式向世人显示：艺术并不完全服从自然界的必然之理，而是有它自己的规律。”[②]歌德并不认为鲁本斯只是单纯地模仿了自然。艺术的本质在于虚构，艺术家要通过虚构的手法进行服从于内心的创造。

彼得·保罗·鲁本斯是16世纪晚期到17世纪中期的荷兰画家。彼时的荷兰工商业发达，资本主义和海外殖民势力不断拓展，宗教

---

① ［德］爱克曼：《歌德谈话录》，朱光潜译，137页，北京，人民文学出版社，1978。

② ［德］爱克曼：《歌德谈话录》，朱光潜译，136页，北京，人民文学出版社，1978。

态度相对宽容。为了迎合新兴的商人阶层，大量画作开始转向对人们日常生活的记录，这就是自然风景画得以产生的基础。鲁本斯的作品往往融宗教寓意于自然写实之中。他常画的一个题材是“有彩虹的风景”，彩虹在基督教教义中代表着上帝和人的契约。但是，鲁本斯对自然的表现确实体现出歌德所说的画家对自然的主宰。以完成于1632—1635年的油画《有彩虹的风景》（图8–2）为例。一方面，鲁本斯用鲜明的明暗对比，表现出画面中部的树林及其阴影，并在画面远处表现出雨后阳光洒在石桥、城堡还有群山上的样子，横跨天际的两道彩虹赋予画面神圣感和神秘感。另一方面，鲁本斯对近景中的人物有特殊的表现。吹笛子的牧羊人，两对依偎的恋人，三角形的人物构图形成了一种稳定的关系。人物又被一束光芒照亮，明显与中景、远景中的光线相反：背景中的光线来自画面的左上方，而前景中照亮人物的光线来自画面前方。这就是歌德所赞颂的画家“自己的心智的果实”。也是在这样的表现中，画面前景中的人物才得以凸显，进而和背景中的自然、彩虹形成完整和谐的统一体。

图8–2
鲁本斯《有彩虹的风景》

歌德这段对艺术创造的评价恰恰显示出，在挣脱了宗教束缚之后，自然开始摘下神秘的面纱，露出本来的面目。也是在这个过程中，自然呈现出美的形态。人在改造世界的活动中不仅发现了自然之美，还发现了自己在自然中的位置，发现了自己改造世界的创造性力量。

歌德这种看待自然的观点当然可以追溯到法国哲学家卢梭。卢梭就以为人的自然状态是具有原始生命力意义的状态，而这种状态才是美的，才是真实的；逐渐为资本主义经济力量和世俗力量所控制的人恰恰是异化的，是野蛮的。

席勒认可歌德的观点，并提出审美重在解放人的天性。这突出体现在席勒对游戏的看法上。在《审美教育书简》的第十五封信中，席勒写道："说到底，只有当人是完全意义上的人，他才游戏；只有当人游戏时，他才完全是人。"[①]席勒认为，人身上存在着感性冲动和形式冲动，前者是人的物质性特征，存在于时间中；后者是人的绝对存在，来自人的理性天性。如果说感性冲动带来各种现实的遭际，那么形式冲动就从精神层面上为人立法。将这两种冲动结合在一起的，就是游戏冲动，它可以将人的物质和精神有效地统一起来。而游戏的对象，在席勒看来就是"活的形象"，即美。席勒认为，只有在游戏中，人才会真正感受到现实的自我和理性的自我的统一，并在其中获得解放。

席勒举例说，希腊人在奥林匹斯山上寻欢，他们通过不流血的力量、速度、灵巧的比赛以及更高尚的智力竞赛，体现自己的精神价值。罗马人则是要在倒地的格斗士的流血中获得快乐。席勒解释称，这就是为什么他否认罗马人的生活，因为罗马人满足于现实的物质性的冲动。与罗马人不同，希腊人在一种超越了物质性的活动中体会到了更高的精神愉悦。因此，希腊的艺术形象中有一种更高的理想。它不是纯粹的物质性的生活，而是一种活的形象，能将感性世界和形式世界统一起来。"希腊人既让使凡人的面颊皱纹纵横的严肃和劳作，也让使空空的脸面露出光泽的无聊的快乐都从幸福的群神的额头消失，他们使永远知足者摆脱任何目的、任何义务、任何忧虑的枷锁，使闲散与淡泊成为值得羡慕的神境的命运。"[②]因为有对更高的精神世界的追求，希腊人在一定程度上克服了现实的困境。这个更高的精神世界就是美的世界，即人的自我解放的世界。

① 《冯至全集》第11卷，90页，石家庄，河北教育出版社，1999。

② 《冯至全集》第11卷，90～91页，石家庄，河北教育出版社，1999。

三、现实主义艺术美

现实主义艺术美发端于19世纪初。如果说浪漫主义在自然中发现了人的美的天性，那么现实主义则把关注集中到人的现实生存状态及其所表现的社会现实矛盾性上，并塑造出复杂多样的内心世界。美和丑同时交汇在人的身体和社会活动中。

一提到现实主义，人们就会想起法国作家巴尔扎克。在《〈人间喜剧〉前言》中，巴尔扎克把自己对社会的研究同莱布尼茨、布丰、夏尔·博内等著名人物的自然研究相提并论。动物学家将动物划分出不同类属，人也有不同的职业。但对社会的理解要比对自然的认识复杂得多，因为人类“由于一种有待探索的法则，倾向于借一切符合自身需要的事物，来表现自己的习俗、思想和生活”[①]。这就对研究者提出了更高的要求。同时，人需要“诗意和融化成生动形象的哲理”[②]。“诗意”就是生动的现实的活的形象，“哲理”就是支配着活的形象行动和思考的根本性社会力量。这是现实主义艺术的首要原则。所以巴尔扎克说，他的职责就是为人类社会做一个谦卑的秘书，“编制恶习和美德的清单，搜集激情的主要表现，刻画性格，选取社会上的重要事件，就若干同质的性格特征博采约取，从中糅合出一些典型；做到了这些，笔者或许就能够写出一部许多历史家所忽略了的那种历史，也就是风俗史”[③]。

也是在这样一种观念的支撑下，巴尔扎克展现了19世纪初期法国社会封建主义价值体系逐渐崩溃，资本主义政治文化观念逐渐走上社会舞台中心的过程，还有在这个过程中各种人所经历的巨大的历史和社会变迁，以及他们的心灵活动。在《高老头》中，巴尔扎克不厌其烦地刻画巴黎圣热内维埃弗新街上的伏盖公寓，详尽描绘公寓周围的环境、街道特征，以及公寓内部的装饰风格、房间排布，甚至沙发的样式、圆桌上的小酒杯的形状。这种细节刻画能

---

① ［法］巴尔扎克：《巴尔扎克论文艺》，艾珉、黄晋凯选编，袁树仁等译，255～256页，北京，人民文学出版社，2003。

② ［法］巴尔扎克：《巴尔扎克论文艺》，艾珉、黄晋凯选编，袁树仁等译，257页，北京，人民文学出版社，2003。

③ ［法］巴尔扎克：《巴尔扎克论文艺》，艾珉、黄晋凯选编，袁树仁等译，259页，北京，人民文学出版社，2003。

让读者产生身临其境的感受。人物和他们的故事就活跃在这样的环境中。在小说的结尾，外省青年拉斯蒂涅跟着灵车把高老头送去公墓。安葬完高老头，拉斯蒂涅走向高处，眺望着远处的灯火辉煌，看到塞纳河蜿蜒穿过巴黎市区。拉斯蒂涅最后将目光停留在巴黎的上流社会区，气概非凡地说："现在咱们俩来拼一拼吧！"在目击了高老头的经历后，这个外省青年捐弃了善良，向巴黎发出了挑战。善和恶以一种活剧的方式，在拉斯蒂涅眼前上演，并最终改变了这个天良尚存的青年的精神世界。

巴尔扎克并不知道自己是"现实主义"作家，因为这个概念是在巴尔扎克离世后出现的。"现实主义"这个概念出自画家库尔贝，深受孔德实证主义哲学的影响。库尔贝提出这个概念是为了标示当时的新型文艺，随后杜郎蒂创办了名为"现实主义"的刊物，发表了库尔贝的宣言，主张新型艺术家要如实地、不动声色地刻画普通人的日常生活，不要去美化现实。这个宣言实际上说明了现实主义艺术的第二个重要特征，并把现实主义艺术美学引向对普通人日常生活的真切反映上。

古斯塔夫·库尔贝出生于法国，1839 年前往巴黎学画，19 世纪 40 年代成为巴黎左岸咖啡馆的重要人物。他的作品《奥尔南葬礼》（图 8–3）创作于 1849 年，曾在法国艺术圈引发震荡。这幅作品没有美化任何人物形象，画中的很多人都在奥尔南当地有其原型，甚至可以被指认出来。《奥尔南葬礼》宽约 3.1 米，长约 6.6 米，色调

图 8–3

古斯塔夫·库尔贝《奥尔南葬礼》

阴郁。前景中参加葬礼的人物以黑色为主色调，兼饰以白色，连神职人员的红色长袍都有几分阴暗。远景则是荒凉的山峦，愁云惨淡，与前景的色调相呼应。画面中的人物千奇百怪，有着各式各样的脸型，各式各样的鼻子——圆的、尖的、长的、扁的。总而言之，这可以说是一幅写生，显示了普通人的日常生活场景。更主要的是，这幅作品描述的是外省人的生活。无论是左侧的抬棺人，还是中间的神职人员，抑或是右侧中部的中产阶级、最右侧的妇女，他们的日常生活作为重要的事件被表现了出来。这种选材挑战了绘画一直把神职人员和贵族等社会上流作为表现对象的惯例。这也就解释了为什么这幅作品会激起来自巴黎的愤怒。

事实上，库尔贝受到了无政府主义者蒲鲁东的影响，在艺术观念上体现出一定的社会主义倾向，普通市民、乡村劳动者在他的作品中占有重要的地位。库尔贝的《碎石工人》（图 8–4）完成于1851年，高约1.6米，长约2.6米。这幅油画表现了工作着的碎石工人，画中人几乎与真人大小一致。左侧背对着画面的工人正在搬运石块，他弯曲的腿部动作显示出石块的重量。右侧单膝跪地的工人在用铁锤敲砸石块，他头戴草帽，皮肤皱褶，手上布满灰尘。画面的两侧是放物的筐和做饭的锅。画面的背景被阴影覆盖住，与前景处于亮处的人物形成对比。这种明暗对比一方面赞颂了普通劳动者的辛勤付出；另一方面也昭示了他们卑微的社会地位，展现了他们遭受的残酷压榨。这种强烈的反差让作品充满现实批判精神。

现实主义艺术将目光投向了普通人的日常生活，并深入资本主

图 8–4

古斯塔夫·库尔贝《碎石工人》

义社会制度的深层，让我们看到了巨大的社会变迁对人的精神世界的扭曲，还有在这残酷的现实世界中人的生存挣扎。这一艺术形式无疑具有强烈的历史感和现实感，对此后的艺术发展产生了深远的影响。

四、现代主义艺术美

现代主义艺术美指资本主义在经历了自由竞争阶段，进入以钢铁工业为主导形态的垄断资本主义阶段后所创造的艺术美学风格。从 19 世纪末到 20 世纪中期，它在美学类型上包括以下三种。

首先，是基于现代工业技术生产而产生的技术美学及其功能化美学，以法国的埃菲尔铁塔为代表。

罗兰·巴特这样描述埃菲尔铁塔对于巴黎的意义："它已融入我们的日常生活，我们不再能赋予它任何特殊属性，它简直就是注定了要像一块岩石或一条河流那样存在着，因此干脆成了一种自然现象，其意义虽可不断质疑，其存在却不容争辩。"[①] 事实上，这座铁塔在 1886 年决定签约筹建之后，遭到法国新闻界、文化界的口诛笔伐。它是法兰西第三共和国立国百年的纪念之作，也是钢铁时代的象征物。1889 年 5 月 15 日，耗费 7300 吨钢材的埃菲尔铁塔正式完工并投入运营。面对来自各方面的指责，它的设计者埃菲尔明确表示，铁塔以其存在本身与造型艺术美的世俗观念相对立。这表明一种即将征服世界的新价值——功能美——将扮演重要的角色。铁塔虽然貌似无用，但从技术世界借取了必要的观念；它是美的，因为它来自必要的秩序。换句话说，埃菲尔认为铁塔是现代科学技术和美的观念的结合体，并且开启了一种新的美学类型，即以科学技术为基础的工业设计和功能美学。

埃菲尔铁塔的另一个重要意义在于，它是由技术工程师设计并监制的，此前这位工程师用钢铁设计过公路高架桥、车站、水库闸门等。埃菲尔的工程师身份对于传统的艺术世界来说就是挑战。对于这样一座国家级的纪念建筑，几乎没有任何传统意义上的艺术家介入其中，扮演着重要角色的是工程师、工程预算师、钢铁工人、

---

① ［法］罗兰·巴尔特：《埃菲尔铁塔》，李幼蒸译，1 页，北京，中国人民大学出版社，2008。

焊接工人等。这在人类文化发展史上当然是一幕全新的活剧。而对钢铁工业之于人类世界的意义，罗兰·巴特总结道："钢铁既坚又轻。但它特别与一种有关劳作的想象相联系，即代表着纯粹的抵抗性。它是由崇高性因素——火——所制成，由人类的能量——肌肉的能量——所制成。"①这个不可替代的建筑物由此成为一个时代的象征，开启了人类对未来世界乐观的想象。人似乎也可以变成钢铁，人的钢铁性既肯定了人的创造能力，又隐含着自我否定——人有可能变成非人，丧失自我。

其次，是随着欧美资本主义的不断深化，因其对田园世界的侵入而产生的对这一即将失去的传统世界的讴歌与感伤的审美风格，以荷兰画家凡·高为代表。

在埃菲尔铁塔投入运营的第二年，凡·高辞世。这两个时间点颇富象征意味。凡·高在前往巴黎学习之前是在荷兰的尼厄嫩村画画的，也是在这个村子里，他完成了《吃土豆的人》（图 8–5）。画面中，人物坐在中上方的灯光四周。灯光不仅让阴冷的屋子显得温暖，也使人物黝黑的皮肤显现出淡淡的金黄色；尤其是那些伸向土豆的手，骨骼感清晰。凡·高在给弟弟提奥的信中说，这些手是挖过土地的，农人的勤劳、诚实都体现在这些手上。

图 8–5

凡·高《吃土豆的人》

① ［法］罗兰·巴尔特：《埃菲尔铁塔》，李幼蒸译，20 页，北京，中国人民大学出版社，2008。

图 8–6

凡·高《星月夜》

1886—1888 年，凡·高受到印象主义艺术思潮的影响，作品呈现出更为令人印象深刻的场景。在 1889 年完成的名作《星月夜》（图 8–6）中，天空中旋转着的星火和大地上农舍中透出的灯火交相辉映。前景中向上耸立的树木，中景中在大地上铺开的农舍，还有在夜色中耸立着的教堂的尖顶，为远处低矮的山丘所环抱。天上的星火涌动着，也让山丘、屋舍、树木跟着涌动起来。

对生命本身的赞美，对自然的赞美，对人和自然之间那种神秘而又协和的关系的赞美，一直是凡·高绘画的主题。也是在凡·高对主题的选择中，我们看到了他对资本主义侵蚀乡土文化的反抗，他的作品也成为欧洲田园世界在被资本主义异化工业力量彻底摧毁前的牧歌。

最后，是直接抨击资本主义对人的奴役敲诈，记录人在这种压榨中的异化状态，并表现出悲观而绝望的情绪，以奥地利作家卡夫卡为代表。

卡夫卡长期生活于布拉格，直到第一次世界大战结束，原来的奥匈帝国彻底解体，失去故国的卡夫卡才跑到了维也纳，并在那儿度过了自己最后的日子。19 世纪末期，随着哈布斯堡王朝对奥匈帝国控制力量的不断衰落，生活在帝国中的人日渐离心离德。卡夫卡是犹太人，这个身份更让他有一种家园何在的失落感。这种失落感，还有被抛弃感，始终存在于卡夫卡的作品中，促使他将批判的锋芒指向保守而残暴的社会政治体系。完成于1912年的《变形记》，开篇就描述了推销员格里高尔·萨姆沙奇特的精神状态：

> 一天早晨，格里高尔·萨姆沙从不安的睡梦中醒来，发现自己躺在床上变成了一只巨大的甲虫。他仰卧着，那坚硬得象铁甲一般的背贴着床，他稍稍抬了抬头，便看见自己那穹顶似的棕色肚子分成了好多块弧形的硬片，被子几乎盖不住肚子尖，都快滑下来了。比起偌大的身躯来，他那许多只腿真是细得可怜，都在他眼前无可奈何地舞动着。①

格里高尔的这种感受有一种强烈的梦幻感，人怎么可能变成甲虫呢？这绝对是不真实的。但在一个牢笼般的世界中，人丧失了全部的尊严，丧失了对自我身体和精神的支配权力，只能任由外在的、不可知的力量——其实就是资本的力量，资本渗透到了精神情感世界的深层，牢牢地控制着人的身体和欲望、情感和意志——支配，不就等同于甲虫吗？甲虫就是人的异化状态，是人失去了自我之后的生存感受。卡夫卡的写作还有更多个人方面、家庭方面的原因，但他笔下的形象的确真实地表现出资本主义在垄断时期对人的控制。

从这样一个角度看，西方现代主义艺术美学由最初的乐观主义精神转变为一种悲观主义情绪，而两次世界大战无疑又强化了个体生存的悲剧感。人的异化、孤独、荒诞、恐惧、自我分裂等精神体验成为艺术的表现对象。也正是在这种精神状态中，现代主义艺术折射出19世纪后期和20世纪前期，资本主义在表层的物质繁荣背后所潜藏着的巨大的物质与精神危机。

五、后现代主义艺术美

所谓“后现代”，在时间上指20世纪60年代以后，西方资本主义文化发展进入一个新的时期，即以高技术资本、媒介资本、信

① 袁可嘉、董衡巽、郑克鲁：《外国现代派作品选》第一册，786页，上海，上海文艺出版社，1980。

息资本、金融资本为主导的发展时期。这个时期的艺术创作和美学风格显示出强烈的反审美倾向，在平庸与乏味中贬低人的价值。

安迪·沃霍尔一般被视为后现代主义艺术的代表性人物，作品的主题之一就是记录。在大规模工业化复制的时代，艺术被彻底产品化、无差别化，艺术创作变成了简单的机械复制。沃霍尔来自美国的匹兹堡，画过插画，对广告行业宣传炒作、制造噱头之类的事情颇有了解，这也让他认识到创作背后对艺术进行操作的现代商业力量。

沃霍尔非常有名的作品是1962年在美国洛杉矶展出的《坎贝尔汤罐头》（图8–7），制作材料是32种坎贝尔汤罐头的图片。沃霍尔将这些图片印制在画布上，然后整齐排列在展板上。这些汤罐头图片除了细微的文字差别外，没有任何其他的变化。一方面，作品展现了现代工业技术强大的生产能力，其产品无所不在，渗透到社会的各个角落。另一方面，这种无差别的商品也在现代社会中塑造出无差别的个体，从口味到趣味，处处显示出平庸乏味的一面；甚至连所谓“个性”，都不过是这种无差别化的延续。体现在坎贝尔汤罐头上，就是那些所谓“不同的佐料”带来的口味差别。这种差别与其说是属于个体的，毋宁说是生产者希望消费者具有的。在沃霍尔的作品中，人们看不到现代主义艺术鲜明的个性和反抗性，平庸与乏味构成其艺术世界的全部美学特征。

对于这种无差异的平庸感，詹姆逊提出了一个问题：“如果商品形式是日常生活中一种核心的经验，为什么一种使你意识到商品化的艺术不具有政治意味呢？”① 这个问题的实质是，为什么当一个平庸的世界以艺术的方式被呈现出来后，我们在这个形象的世界中看不到任何对现实世界的批判和反抗呢？詹姆逊认为，沃霍尔的作品平庸的根源就在于世界的平庸和表达者自我的平庸。后现代主义艺术的一个重要特征，就是在商品化的世界中丧失了对商品本身的反抗能力。其根源就是商品性成为艺术的基本属性，而人不过是艺术商品流通的一个环节，甚至认同自己的商品特征。沃霍尔展示出了平庸的世界，并隐含了对这个世界的价值认同。这也就是为什

---

① ［美］弗雷德里克·杰姆逊：《后现代主义与文化理论》，唐小兵译，158页，西安，陕西师范大学出版社，1987。该书将詹姆逊译为杰姆逊。——编者注

图 8-7

安迪·沃霍尔：《坎贝尔汤罐头》

么沃霍尔的艺术世界会让人在平庸中感到乏味和无趣。

第二次世界大战后欧美艺术快速发展，形式主义、波普主义成为主流。例如，20 世纪 60 年代雕塑领域出现极少主义，代表人物有唐纳德·贾德、丹·弗莱文。他们的创作往往以数学符号或抽象观念为前提，突出制品的几何外形，消解创作者的个人情感。他们甚至不再亲自制作，而是下单给工匠，以此抹去艺术创作中的个人印记。同样地，这些制品很难说传达了什么价值和意义。高度形式化的制品体现出工业时代流水线商品冷冰冰的特征。再如，20 世纪六七十年代出现照相现实主义，也称超级现实主义，代表人物有理查德·埃斯蒂斯、拉尔夫·戈英斯、奥黛丽·弗拉克、查克·克洛斯。他们以通过绘画再现照相机的拍摄效果为目标。照片，不再被视为低于绘画的次级产品，而是成为绘画模拟的对象。如果说照相术是一种现代工业技术复制现实的技术形式，那么照相现实主义就是要再现这种技术复制。它比沃霍尔的实践更激进。沃霍尔复制的是现实，照相现实主义复制的是照片。照相现实主义以杂糅的方式，将口红、怀表、珠宝、扑克牌、香烟等日常消费品和鲜花、水果、蜡烛等传统静物混合在一起，构成了全新的图像景观。

极少主义和照相现实主义等艺术思潮是艺术波普化、商业化浪潮之一翼。它取消了艺术的意义和深度，使艺术品变得平面化、去中心化、消费化。在这一潮流中，20 世纪 80 年代出现的新表现主义无疑具有一定的叛逆性。现代摄影和摄像的冲击让绘画一度衰落。20 世纪 80 年代初期，绘画重新受到重视，出现了新表现主义。新表现主义开始于德国和意大利，后来影响到北美，代表人物有安塞尔姆·基弗、桑德罗·基亚。在创作上，新表现主义结合具体的历史和现实情境，采用涂抹的方式，制作出画面的具象效果，以传达某种价值和意义。

安塞尔姆·基弗的作品多以粗粝的艺术形式，传达战争、灾难带给人类的痛苦。《致无名画家》中，油彩以击打的方式形成画面上的色块，每一个色块都洋溢着炸裂感、无序感。这些色块在整体排列上指向画面远端的中心点，即一座类似于碉堡的坟墓。在背景色块的冲击下，中心点若隐若现。画面的意义似乎就存在于模糊的中心点和色块的排列关系中。基弗的作品往往指向德国的历史：地堡隐喻着战争，色块中混杂的黄、褐、红、黑、白则成为残酷历史的一部分，径直向着地堡排列。破碎的色块也获得了一种身体撕裂的隐喻。这种色彩和画面构图的阴郁感，在后现代艺术的平面化、商业化追逐中的确十分另类。《黑斑蚧》延续了这一创作思路。广袤的土地和精心耕种过的庄稼铺染上的是黑色和白色，还有时时显出的红色——似乎是被大火焚毁的惨烈场景。田垄依然排列整齐地指向远方，但远方一片灰白，空洞无物，和近景中的焦土形成鲜明的对比。图像隐喻的意义就在这种对比中显示了出来。

新表现主义承继了欧洲文化的历史遗泽，试图将历史、现实、意义统一于抽象的色块和构图中。但总体上，它无法抵抗商业化、波普化的浪潮；在图像、影像、媒介构成的“超级真实”中，在艺术日益“仿像”化的趋势中，现实正在非现实化。德国学者韦尔施将其形容为“现实的重力正趋于丧失”[①]。这一后现代艺术特征也提示我们，对欧美后现代文化的接受应该自一定的审美距离外冷静审视，认真考辨。

---

① [德]沃尔夫冈·韦尔施：《重构美学》，陆扬、张岩冰译，115页，上海，上海译文出版社，2002。

本章摘要

古希腊艺术对神的世界的表现往往富有人的现实精神，这体现在诗歌、建筑等诸多方面。浪漫主义艺术极大地肯定了人对美的世界的创造能力以及美对人的天性的解放能力。随之而起的现实主义则发现了现实中人的内在世界与外在世界的复杂关系，美和丑相互交织。现代主义艺术一方面拓展了功能美，另一方面也在工业化的不断推进中产生了田园世界行将逝去时感伤而绚烂的艺术美。在历史的发展中，现代主义艺术更是创造了激烈抨击现实世界的艺术世界，人的异化、孤独、荒诞、恐惧、自我分裂等精神体验成为艺术的表现对象。一方面，后现代主义艺术产生了平庸、乏味、无趣的机械复制美学；另一方面，它对艺术商业化、波普化的追逐也让艺术品呈现出高度形式化、模式化的结构特征，艺术的价值在形式的五花八门中逐渐消解。20 世纪 80 年代欧洲表现主义艺术重构意义的尝试既显得可贵，又显得无力。

西方艺术的发展经历了从神的世界迈向人的世界，进而肯定人的世界，再到逐渐否定这个世界的辩证过程。它创造出丰富的艺术美的想象空间，对世界文化具有深刻的影响。

思考与练习

1. 古希腊艺术美的基本特征是什么？试举例说明。
2. 在浪漫主义艺术美中，人和自然的关系是什么样的？
3. 现实主义艺术美是如何认识现实世界和人的内心世界的复杂性的？
4. 现代主义艺术美有哪些类型？试举例说明。
5. 如何看待波普艺术的趣味特征？如何看待欧洲表现主义艺术的价值？

深度阅读书目

1. [古希腊]亚里士多德、[古罗马]贺拉斯:《诗学　诗艺》，罗念生、杨周翰译，北京，人民文学出版社，2008。其中，《诗学》全面论述了古希腊史诗、戏剧创作的基本特征、结构特点，并且讨论了语言、情节、风格、接受心理等多个因素，是人们了解古希腊史诗和戏剧观念的必读书。

2.［德］弗里德里希·席勒：《审美教育书简》，冯至、范大灿译，北京，北京大学出版社，1985。该书收录了席勒自 1792 年 2 月起写给丹麦公爵奥古斯腾堡的二十七封信。这些信评论了 18 世纪末期德国的社会现实，提出了审美教育的观念，认为审美教育的目的是培养完全的人。这对读者认识美学、理解美学和人的关系具有重要的意义。

3.［美］弗雷德里克·杰姆逊：《后现代主义与文化理论》，唐小兵译，西安，陕西师范大学出版社，1987。该书比较全面地介绍了后现代主义文化艺术的缘起、发展及基本特征，包含具体精到的文本分析，对读者理解后现代主义艺术和文化有重要的参考价值。

第九章
艺术门类美育

在漫长的艺术发展过程中，人类创造了多种多样的艺术形式。这些艺术形式有的诉诸听觉，如音乐，有的诉诸视觉，如绘画。艺术形式按照自身的发展规律逐渐形成专门的领域，一般被称为“艺术门类”。

一、艺术门类的划分

在大学美育中开展艺术门类美育，首先要选择优秀的艺术作品供学生欣赏，通过对多姿多彩的古今中外艺术审美范例的赏析导向学生美好心灵和健全人格的养成。积淀在悠久历史中的传统艺术作品浩如烟海，乘新媒体之势而来的新兴艺术作品也令人目不暇接。艺术作品具有不同的艺术考量，涉及不同的象征主题，运用不同的艺术符号和方法来创造艺术形象。艺术的“这些分类知识将使得学生能够以恰当的方式对新面临的艺术作品作出反应。观众日益成熟的一个标志是能够越来越精确和详尽地划分艺术范畴，进而理解艺术作品中隐含的目的和意图的多样性”[①]。所以，艺术门类美育需要对艺术作品加以分类，再通过对艺术门类基本含义的把握进行选择和鉴赏，进而开展美育活动。

艺术门类的划分多种多样，本书把艺术门类划分为语言艺术、表演艺术、视觉艺术、综合艺术四大类。

---

① ［美］沃尔夫、吉伊根：《艺术批评与艺术教育》，滑明达译，302～303页，成都，四川人民出版社，1998。

（一）语言艺术

语言艺术主要指文学，是以语言符号为媒介创造富有审美意蕴的艺术形象的艺术。语言是一种声音与意义相结合的符号表意系统，是人类最重要的交际工具。语言艺术作为一种语言符号实践，目的是创造展现广阔丰富的社会生活、具有生动艺术形象和深刻思想意蕴的审美世界。

语言艺术作品由互相关联的三要素构成。其一，文学是一种语言符号组织，语言是文学作品的基本存在方式。各种体裁的作品（如诗歌、小说、散文、剧本等）都必须以语言符号为存在方式来呈现。其二，语言符号总是要创造活生生的、具有感染力的艺术形象系统。艺术形象是作家以语言符号系统为媒介，以修辞为表现手段塑造出来的。其三，由语言符号创造的艺术形象总是指向某种深厚的审美意蕴。审美意蕴是读者通过语言符号去阅读文学语言组织，在感受和形成艺术形象系统时体味和领悟出的深层意义空间。可见，语言符号创造了艺术形象，审美意蕴又寓于艺术形象之中。

文学形象是一种间接性形象。文学形象的间接性指文学作品是用语言符号（文字）来描绘形象的。语言符号虽然也有声音或书面的载体，能为人们的知觉所把握，但不能直接再现事物本身的形象，诉诸读者的感官。文学形象不具直观性，没有物化形态，是一种必须诉诸想象才能被感知和领悟的间接性形象。因此，语言艺术又称“想象的艺术”，其间接性为读者提供了充分想象和再创造的空间。

语言艺术主要包括诗歌、小说、散文、剧本。

（二）表演艺术

表演艺术是以人工符号（乐音）和表情姿态符号（人体动作）创造富于情感的艺术形象的艺术。与其他艺术门类相比，表演艺术能够通过流动的乐音和人体动作，最直接、最强烈、最细腻、最充分地表现人的内心情感和情绪变化的过程。

表演艺术作品由互相关联的三要素构成。其一，表演艺术以人工符号和表情姿态符号为物质媒介构成艺术符号体系。其中，以人工符号中有规律有组织的乐音构成的艺术符号体系形成了音乐，以美化加工过的表情姿态符号形成了舞蹈。其二，表演艺术的符号体系创造出生动而富有情感的艺术形象。音乐形象和舞蹈形象的存在，以在时间过程中逐步展开的方式来呈现。其三，由表演艺术符号体系创造的音乐、舞蹈形象，在直接表达人的内心情感的同时也间接反映社会生活，具有深邃悠远的艺术意蕴。以音响流动和人体动作形成的音乐、舞蹈形象，直接触及感官，有着震撼人心的情感力量。

表演艺术以乐音和舞姿的艺术符号塑造形象，表现情感，在一定时间内展开并完成，以连续流动的乐音或舞姿组合成动态的时间/时空形象。它必须依赖演员的二度创作才能让艺术形象直接作用于欣赏者的感官。因此，表演艺术又被称为“时间/时空艺术”“动态艺术”“表现艺术”。

表演艺术主要包括音乐和舞蹈。

（三）视觉艺术

视觉艺术是以自然符号为媒介创造具有空间实体和可视直观的艺术形象的艺术。它一般包括绘画、书法、雕塑、摄影、工艺、现代设计、建筑与园林等门类，通称“美术”。视觉艺术是以人的视觉感受为基础的直观性艺术，运用色彩、线条、形体等形式美符号来获得确定的艺术形象。

视觉艺术作品由互相关联的三要素构成。其一，视觉艺术主要以自然符号为媒介构成艺术符号体系。自然符号指自然界和社会生活中的物质材料，如颜料、布、纸、木、石、铜、胶卷、相纸等。艺术家运用形式美的造型规律，把自然符号加工整合成造型艺术中不同门类的艺术符号体系。其二，视觉艺术的符号体系创造出平面或立体的艺术形象，其生命律动和精神启示是以具有空间实体的形象直接呈现给观众的。其三，由视觉艺术符号创造的艺术形象总要指向包含深刻人生哲理和思想内容的艺术意蕴。

视觉艺术是在二维或三维空间塑造直观的平面或立体的静态艺术形象，因此也被称为“造型艺术”“空间艺术”“静态艺术”。视觉艺术具有凝固不变的静态形象，可以反复观赏，并且流传久远，是时代变迁的文化见证。

（四）综合艺术

综合艺术指综合运用多种艺术符号创造艺术形象的艺术。综合艺术融合了文学（剧本），表演，音乐，绘画（化装、灯光），建筑（布景），工艺（服装、道具）等多种艺术种类的审美因素，塑造舞台形象或银幕、荧屏形象，组成新的艺术形象整体。

综合艺术作品由互相关联的三要素构成。其一，综合艺术对文学、绘画、音乐、舞蹈、建筑等艺术中的艺术符号因素加以有机融合，形成自身新的符号体系。其他艺术门类中的艺术符号进入综合艺术后有了新的意义，成为新的综合艺术符号体系的一部分。例如，音乐的旋律、节奏进入电影后，经过电影特殊规律的改造变为电影音乐，与画面相结合，形成独特的电影艺术符号。其二，综合艺术的符号体系旨在创造出直接诉诸观众视听感官的综合性艺术形象。综合性艺术形象在戏剧、戏曲中，集中表现为演员通过直接表演而塑造的舞台形象；在电影、电视剧中，集中表现为由运动的画面和声音构成的银幕或荧屏形象。其三，综合艺术吸取了各门类艺术的长处，可以创造出极具艺术表现力的艺术形象并蕴含丰富的意味。综合艺术的形象多是在较完整的故事情节中塑造的人物形象，思想内涵、人生哲理和道德取向一般比较明显。一些表现性强的先锋派综合艺术作品，其艺术意蕴则是多重的。

综合艺术吸取了各艺术门类的艺术表现手段和方法，并将时间艺术和空间艺术、视觉艺术和听觉艺术、动态艺术和静态艺术、再现艺术和表现艺术的特征融汇在一起，形成了独特的审美特征，成为最富艺术表现力和感染力的艺术。

综合艺术的主要种类包括戏剧、戏曲、电影、电视剧。

二、艺术美育与形式美育

（一）艺术美育

艺术美育是以语言艺术、表演艺术、视觉艺术和综合艺术为内容的审美教育活动，也称“艺术教育”。

作为大学美育的核心，艺术美育的根本目的是培养具有审美思维和创新精神的全面发展的人。艺术美育即艺术之文心涵濡，就是通过对于人类创造的“美的艺术”作品之文的感性直觉而涵养个体人格。学生的生活与艺术或多或少存在联系，如读小说、看电影、听音乐、赏绘画等。开展艺术美育能够开发学生的潜能，培养学生的审美思维和创新精神，促进其个性发展和人格心智的完善，提高学生综合素质。因此，广义的艺术美育强调普及艺术的基本知识和原理，通过对优秀艺术作品的欣赏和评价来拓宽学生视野，提高学生的审美修养、艺术鉴赏力和艺术素质，培养学生健全的审美心理结构和以美好心灵为标志的健全人格。

艺术美育对于学生的精神培养具有举足轻重的作用。艺术是人类精神生活的重要组成部分，也是学生精神文化生活的一大来源。艺术美育体现出艺术的审美本质特征，即以情感人。艺术之文心涵濡指学生的个体心灵从艺术美的具体形态中感性地体验天地人间纹理特征及其规律。学生形成价值观念的过程是一个直觉式领悟和持续浸润的过程。艺术美育可以引导学生通过对优秀的艺术作品和生动的艺术形象的鉴赏去认识生活，从整体上把握事物，进而借助艺术的感性符号形式想象地把握人生与世界的意义，自觉地按照美的规律去改造自身和改造世界。

艺术美育的实施主要包括三个方面。其一，艺术美育所凭借的是艺术美，艺术美具体表现在艺术作品中。艺术作品是艺术家创造性劳动的产物，是美的物化感性形态。艺术美育通过艺术家灵悟的眼光，把现实中朦胧含混、不甚显露的美发掘出来，可以帮助学生认清生活中的真、善、美，实现美好心灵的养成。其二，艺术美育具有动人心魄的魅力和巨大的情感力量。这是因为艺术作品具有形象性与情感性高度统一的特点，具体、生动、可感的艺术形象渗透着强烈的情感。艺术美育主要以感性形象去感染学生，较之一般的生活形象更易产生情感激励效果。其三，艺术美育寓教于乐，具有赏心悦目、怡情养性的功能。艺术美育能使学生在艺术欣赏和创造过程中既得到理智的满足和情感的陶冶，又得到创造的愉悦，促使他们潜移默化地受到教育。艺术美育能为学生涵养自身的高尚人格提供理想的形象范型。

（二）形式美育

形式美是人类符号实践的一种特殊形态，是从具体美的形式中抽象出来、由自然因素及其组合规律构成的、具有独立审美价值的符号体系。形式美由自然因素及其组合规律构成：自然因素主要有色彩、形体、光影和声音；组合规律多种多样，主要有整齐一律、对称均衡、比例匀称、多样统一。

人类对美的创造和欣赏都是从感性形式开始的，只有通过形式美，才能创造出和感受到各艺术门类的审美对象。然后，各艺术门类才能对学生发挥审美教育的作用。形式美育通过引导学生对形式美的自然因素及其组合规律和特性的把握，培养学生的形式美感和鉴赏力，促使其进入艺术美的审美境界。形式美育对艺术门类美育的意义在于以下三个方面。

第一，培养形式感，提高鉴赏力。形式美育可以培养学生的审美形式感，提高其对艺术形式美的鉴赏力。形式感的培养是进行艺术美育和审美活动的前提。形式美的自然因素及其组合规律渗透在各个艺术门类，通过具体作品美的形式体现出来。如果没有形式美育，学生就可能对身边丰富多彩的形式美视而不见、听而不闻。形式感的培养要经历一个具象与抽象互动的过程。只有把在大千世界中感受到的各种事物的具体形式与在书本上获知的形式美规律结合起来，才能逐渐培养起对形式的敏感。对审美形式感的培养，就是培养接受者“有音乐感的耳朵”和“能感受形式美的眼睛”。对形式的审美感受力是对具体艺术形象作抽象形式美分析的能力和对其意蕴的领悟。例如，梅、兰、竹、菊在中国艺术中颇受青睐，原因不仅在于其形体、色泽“好看”，还在于其形式中的意味：梅凌寒斗雪，兰幽香静处，竹气节清高，菊傲霜不凋。形式本身有优有劣，有简单有复杂，对形式美的评判依赖于审美主体的形式感。学生具备了审美形式感，就能真正欣赏艺术之美，如欣赏古典艺术与高雅艺术、现代派艺术与流行艺术。

第二，欣赏艺术精品，增强形式感受力。形式美育是进行艺术门类美育，增强学生形式感受力的最佳途径。歌德说：“鉴赏力不是靠观赏中等作品而是要靠观赏最好作品才能培养成的。”[①]艺术作品的形式运用和格调有高低雅俗之分，所以在欣赏中有一个选择的问题。学生欣赏艺术作品，应尽量选择那些特色鲜明、个性强烈、有独创精神、经过历史筛选的名作。这些艺术精品是艺术家自觉运用形式美规律创造出来的，凝聚着艺术家的审美理想和艺术独创性。例如，米开朗琪罗极富生命活力的形体塑造，凡·高饱含个性内涵的色彩运用，欧阳询、张旭笔下线条的舒展腾挪，这些都是形式创造的典范。在这些作品中，形式要素不仅是外观方面的造型符号，也是表现艺术家内心世界的情感符号和作品内在意蕴的象征符号。

---

① ［德］爱克曼：《歌德谈话录》，朱光潜译，32 页，北京，人民文学出版社，1978。

形式美育通过让学生欣赏艺术精品，培养和增强他们的形式感受力，促使他们更深入地去理解艺术品的情感意味和象征意蕴。

第三，拓展文化视野，提高审美素质。形式美在艺术中得到最充分的体现，而每一个时代和民族的艺术都深嵌在本时代和本民族文化的框架之中。艺术对形式美的选择和运用会受到文化的影响。形式美育可以帮助学生通过对不同文化中形式美的把握，拓展文化视野，充实精神世界，提高审美素质，进一步理解艺术的文化内涵。例如，建筑艺术是人类文化的显著成就之一，形式美既是建筑的造型符号，又是建筑的象征符号。在欣赏不同民族、时代的建筑时，学生要通过形式美去感受其情绪意境。建筑艺术的情绪意境比较朦胧、深沉，但将其置于所处的文化语境中，学生就会发现这些情感是对时代文化内涵的真切反映。古埃及沉重巨大的金字塔，是带有强烈原始意味的古埃及文化的体现。欧洲中世纪哥特式教堂的尖塔尖拱，体现了渲染上帝的崇高和人类的渺小的基督教文化。中国园林的曲径通幽、诗情画意，体现了中国传统哲学中天人合一的思想。可见，建筑中的形式符号能传达出历史、哲学、宗教等方面丰富的文化内涵。再如，现代派艺术是20世纪人类文化的显著成就。它大量运用抽象形式符号来表达主观情感，而这正是20世纪西方非理性哲学思潮的体现。

形式美育可以培养学生的形式感，并使其通过对形式符号的把握而深入艺术的文化层面。席勒说：“若是要把感性的人变成理性的人，唯一的路径是先使他成为审美的人。”① 大学美育的根本任务就是使学生发挥主动精神，涵养完美人格。形式美育是培养“审美的人”的重要路径，可使学生通过形式美去感受艺术美，实现心灵的涵濡，推进个体的德行修养。

三、艺术门类美育的作用与举措

（一）语言艺术美育

1. 语言艺术美育的作用

语言作为一种表情达意的符号系统，与人的精神世界有着密切

① 北京大学哲学系美学教研室:《西方美学家论美和美感》，181页，北京，商务印书馆，1980。

联系。语言艺术美育的作用，就是以语言符号所创造的富有审美意蕴的艺术形象，来满足学生精神上的审美需要，帮助学生更好地去把握人生与世界的意义。

第一，文学形象的感染熏陶。语言艺术可运用语言符号生成文学作品的外观形式，塑造鲜明生动的艺术形象，作用于学生的感情，使其受到强烈的感召和熏染，获得情感上的审美愉悦，培养学生的崇高思想、坚毅性格和积极向上的人生观。鲁迅《狂人日记》中对“吃人”的封建礼教发出呐喊的“狂人”，易卜生《玩偶之家》中不甘做家庭玩偶而要“学做一个人”，毅然离家出走的娜拉，在不同时代都对青年起过巨大的感召作用。文学史上，还有众多语言艺术形象或以其悲剧力量或以其道德内涵，给读者以熏陶、感染和启迪。文学形象的熏陶和感染使学生在阅读中怡情悦性，得到心灵的净化。语言艺术美育中的文学净化既不是说教，也不是劝谕，而是凭依具体可感的文学形象和学生的情感进行沟通，涵濡其心灵中潜在的纯朴、真诚、善良、友爱，激发其追求真善美和自由的天性，引导其挣脱物欲或私利的束缚，进入超凡脱俗、高尚纯洁之境。

第二，审美意蕴的浸润涵濡。文学作品蕴含着丰富深厚的意蕴，能对学生的思想情感起到浸润涵濡的作用，使其获得精神上的审美升华。文学的审美意蕴大多将无穷之意蕴含在有尽之言中，具有多义性和模糊性。阅读时，学生应深切感悟语言符号中蕴藏的哲理诗情，把握这种“言外之意”“弦外之音”“味外之旨”，进入更高层次的潜思默想、洞悉宇宙奥秘、体悟人生真谛和提升精神境界的状态。语言艺术中优秀的文学作品都具有深层意蕴，这是作家生命体验的结晶，更是人类美好情感和崇高信仰的象征。

《老人与海》是美国作家海明威发表于 1952 年的中篇小说，讲述了一个刻意简化的故事：饱经风霜的渔夫桑提亚哥住在海边一个小窝棚里，连续 84 天在海上打鱼而一无所获。但是他并没有放弃，第 85 天继续出海捕鱼，冒险远航，钓到了一条巨大的马林鱼。老人把鱼绑在小船上，返航途中遇到了大群鲨鱼的围攻。老人奋不顾身，与鲨鱼进行了三天三夜的搏斗。当老人最终返回港口时，他奋力钓到的大鱼仅剩下了一副巨大的骨架。小说通过老人与大自然的搏斗，描述了人所具有的不可征服的精神力量——人应该在灾难和失败的环境中保持勇气，勇敢地面对生活。桑提亚哥在同象征厄运的鲨鱼的斗争中虽然失败了，但他并没有在厄运面前丧失勇气，而是认为人的精神和意志是永远也打不垮的。“一个人并不是生来要给打败的，你尽可以把他消灭掉，可就是打不败他。”老人与命运抗争的坚强形象和永不气馁的斗争精神，使读者受到有力的震撼和深刻的启迪：只要有顽强的意志，人就永远不会被打败。读者也能从中体味到发人深思的象征意蕴：人性的升华正是在不屈不挠、永无止境的搏斗中实现的。由此可见，审美意蕴的浸润作用是以文学感性形象的涵濡，使学生获得一种扬志畅神的精神层面的审美愉悦，在潜移默化中得到人格的提升，即树立起对人生、世界、宇宙明确而坚定的信念并付诸行动。

2. 语言艺术美育的举措

语言艺术是通过文学作品发挥美育作用的。文学作品包括语言组织、形象系统和审美意蕴三个层次，有诗歌、小说、散文和剧本等多种体裁。因此，实施语言艺术美育有三条具体举措。

第一，引导对语言文体的欣赏。对语言文体的欣赏是文学阅读的第一步，也是对学生实施语言艺术美育的必要途径。在阅读时，学生首先接触到的是文学的语言组织层面和体裁样式。语言文体可以说是读者与作品之间的桥梁。读者要深入作品，感受形象，领悟意蕴，受到审美教育，就必须能够欣赏语言文体之美。对于语言，要领略它的语音、文法、辞格美；对于文体，则要把握诗歌、小说、散文、剧本等各种文学体裁的基本特征。诗歌语言精粹凝练、新颖奇特、音乐性强，可创造出寓意深远的优美意境。小说语言包容多样、舒展自如，可表现生动的人物和故事。散文语言自由灵活、不拘一格，可表达对社会人生的真实体悟。剧本语言具有个性、动感并富于潜台词，可在激烈的戏剧冲突中塑造具体可感的人物形象。语言艺术美育要先引导学生对语言文体的欣赏，使其真正进入文学的大千世界。

第二，培养形象再创造的能力。语言艺术具有形象间接性，学生的形象再创造能力决定着能否接受文学形象。在阅读文学作品时，读者看到的只是语言符号，而不是直观的艺术形象。而且，文学主要用描述性语言来塑造形象，有着明显的模糊性和不确定性。学生读者要感受文学形象系统并从中受到审美教育，就要以语言为中介，通过联想、想象和再创造，把作品中的形象转化为自己头脑中的形象。对文学作品的接受就是对作品形象系统的再创造，这个过程不是读者被动获得或复制的，而是一种能动的再度生成。语言艺术美育要通过对学生形象再创造能力的培养，把阅读变成可根据自己的生活体验，运用联想和想象而使文学形象系统具体化的过程。大学生读者的能动性越强，被再创造的文学形象就越生动越丰富。

第三，加深对审美意蕴的领悟。对文学形象审美意蕴的领悟，是大学生读者能够真正升入文学殿堂并接受语言艺术美育的关键。在文学作品中，由语言表达的艺术形象系统总是要指向某种深厚的审美意蕴，即作品所蕴含的思想、情感、哲理等。文学以象征、隐喻、假定、虚拟、变形等方式描写生活场景，暗示生活真理。文学作品中具有感染力的艺术形象，为学生提供了了解历史与现实、丰富生活经验、洞悉人生真谛的审美途径。学生应该在对艺术形象的感受和体验中，深入地领悟其意蕴。对于具体作品来说，文学含蓄蕴藉的特点决定了其审美意蕴的丰富性，学生可以通过自己的体验，去生发、开拓作品的深层意义空间。对于文学作品的整体性来说，审美意蕴呈现出丰富的层次，如历史内容层、哲学意味层、民风民俗层、宗教价值层等。学生在阅读不同作品时，应努力领悟这些丰富的层面，最终进入语言艺术的至高审美境界。

（二）表演艺术美育

1. 表演艺术美育的作用

表演艺术是最直接、最强烈地表达人类情感的艺术。表演艺术美育的作用，就是以人工符号和表情姿态符号构成富于情感和意蕴的感性艺术形象，直接诉诸学生的审美感官，唤醒其高尚的心灵，使其精神感奋。

第一，净化情感，升华人格。欣赏表演艺术可以使学生在深受艺术形象感染的同时，宣泄压抑的情绪，维持心理的平衡，获得情感的净化，进而陶冶性情，升华人格。音乐和舞蹈是抒情性很强的艺术，它们在时间过程中展开的艺术形象和在表演现场营造的情绪氛围，非常能感染、打动听众和观众。古希腊哲学家柏拉图认为“音乐教育比其他教育都重要得多”，因为“节奏与乐调有最强烈的力量浸入心灵的最深处”[①]。音乐确实可以直接触及心灵，引起听众

① 伍蠡甫：《西方文论选》，29 页，上海，上海译文出版社，1979。

强烈的情感体验和共鸣。例如，俄国作家列夫·托尔斯泰在听了柴可夫斯基的弦乐四重奏《如歌的行板》后，被其忧郁深沉的旋律打动，禁不住流下热泪。音乐、舞蹈对情感的净化，就在于通过对心灵的撞击而使某些压抑的情绪得到宣泄。春秋时代的思想家管子在《管子·内业》中说“止怒莫若诗，去忧莫若乐”，指出音乐具有排遣忧愁的功用。白居易的《琵琶行》中，琵琶女的自诉身世和如泣如诉、精妙绝伦的演奏，引起了同样身处逆境的诗人强烈的情感共鸣：“座中泣下谁最多，江州司马青衫湿。”在表演艺术美育中，欣赏音乐、舞蹈不但能净化心灵，宣泄情绪，弥补现实生活中个人情感体验的不完美，而且能够凭借情感沟通，使学生获得健全人格的涵濡。

第二，愉悦身心，协调群体。音乐和舞蹈具有自娱娱人、愉悦身心的作用。音乐、舞蹈是通过艺术家的演奏、演唱和表演呈现的艺术。艺术家情感的腾跃、动作的灵巧、姿态的优美、表情的丰富，都体现在表演中。艺术家精湛的音乐、舞蹈表演，可以使学生在得到审美娱乐的同时获得情感慰藉和身心放松。群众广泛参与的生活舞蹈和歌唱活动，其愉悦身心的功能更具普遍性。音乐、舞蹈凭借强烈的情感冲击力和凝聚力可以协调群体，促进人际交流和聚合。在表演艺术美育中，集体性的音乐、舞蹈活动能够培养学生的群体意识。没有任何艺术能够像表演艺术这样，可以在短时间内使一个群体按照同一情感意向感奋起来，产生强大的凝聚力。因此，各个国家都有自己的国歌，以凝聚整个国家的情感意志，激发人们的爱国情感。学生在聆听音乐和观赏舞蹈时，不仅要把注意力集中在艺术家的演奏和表演上，而且整个身心都要随着艺术形象的展开而张弛。在直接参与表演艺术活动时，这种情感冲击力会更加强烈。

2. 表演艺术美育的举措

音乐、舞蹈与其他艺术门类相比较，应该说是群众直接参与最多的艺术，这就使得实施表演艺术美育，既要让学生欣赏音乐、舞蹈作品，也要让他们直接参与表演实践。

第一，感知乐音舞体，熟悉符号体系。表演艺术美育要培养学生感知乐音舞体的能力，也就是使他们形成“有音乐感的耳朵”和对人体美的敏锐觉察能力。音乐是时间艺术，舞蹈是时空艺术，以流动的乐音和舞蹈动作塑造的艺术形象稍纵即逝，不可驻留。因此，学生在欣赏音乐、舞蹈作品时，要充分调动自己的注意力和记忆力，把握在时间过程中呈现的音乐形象和在时空中延展的舞蹈形象。要获得感知乐音舞体的能力，学生就要了解和熟悉音乐、舞蹈艺术的符号体系，如音乐中的旋律、节奏、和声、调式、调性、曲式等，舞蹈中的表情、姿态、造型、动作等。再进一步，学生要调动自己的情感体验，发挥想象和联想。学生欣赏者只有培养出“有音乐感的耳朵”和“能感受形式美的眼睛”，才能使自己对乐音舞体的感知成为能够确证人的本质力量的“人的享受的感觉”。[①]学生在欣赏中加深对音乐、舞蹈的感知，不但能愉悦感官，而且能获得精神上的提升和审美满足。

第二，借助多种媒介，参与表演实践。表演艺术美育重在参与和实践。

其一，可以让学生借助多种媒介来欣赏音乐、舞蹈作品。在有条件的情况下，应该亲临表演现场，欣赏专业艺术家的表演，与演奏者、表演者产生直接的情感交流，真切地感受音乐、舞蹈所蕴含的生命活力和内在激情。学生可以去聆听恢宏的交响乐，去欣赏优雅的芭蕾舞，也可以去观看流行音乐演唱会。在充满视觉符号的新媒介时代，“‘看’成了现代人接触世界的首选方式之一，在这样的文化背景中，音乐会中‘看’的成分的突出也成了必然”[②]。在视听结合的新趋向中，出现了音乐和舞蹈紧密融合的“观看性的音乐”。这是一种新型的舞台表演艺术，音乐是灵魂，舞蹈是躯壳，两者密不可分。音乐的意境中融入舞蹈的激情，能够强烈地激发观众的情感和情绪。

如果条件有限，学生可以利用各种大众传播媒介，如光盘、录像、电视、网络等，欣赏古今中外的音乐、舞蹈精品，做到多听多看。通过不断的欣赏，学生可培养出对音乐、舞蹈符号体系的敏感，进而领会其丰富的情感文化内涵。

其二，可以引导学生直接参与表演实践。学生学习演奏乐器或学习舞蹈，能够锻炼手指和形体的灵巧性，促进感官和身体的协调。学生直接参与表演实践，还能在领略音乐美和舞蹈美的同时培养团结协作的集体主义精神。学习和表演音乐、舞蹈，既可锻炼身体，

---

① 《马克思恩格斯全集》第 42 卷，126 页，北京，人民出版社，1979。

② 王一川：《大众文化导论》，112 页，北京，高等教育出版社，2004。

训练技巧，又能陶冶心灵，丰富情感。在有条件的情况下，学校应该适当组织集体性的音乐、舞蹈活动，为学生提供参与音乐、舞蹈表演实践的机会，提高学生的整体艺术素质。

（三）视觉艺术美育

1. 视觉艺术美育的作用

视觉艺术多种多样，既有传统的绘画、书法、雕塑、建筑与园林等，也有伴随现代科技诞生的摄影和现代设计。它们都能以视觉感性形象的涵濡，为学生人格定型提供活生生的范式。由于视觉艺术的形象具有直观具象性，因此视觉艺术美育对学生人格的感性形象涵濡是一种跨越普通感性和理性的直觉式濡染过程。

第一，培养形式感，激活敏锐度。视觉艺术在空间形象中凝聚的形式美可以激活和培养学生对形式的敏感。对视觉艺术的形式的观赏，可以使欣赏者逐渐培养起对形式美的鉴赏能力，形成“能感受形式美的眼睛”。视觉艺术以线条、色彩、形体等形式美因素和多种形式美的法则，构成独特的艺术符号体系，创造出丰富多彩的艺术形象。视觉艺术的形象意蕴主要是靠形式美来体现和传达的。要欣赏视觉艺术，具有“能感受形式美的眼睛”至关重要。视觉艺术直接诉诸欣赏者的视觉感官，但真正的欣赏并非只是“观看”，而是要用形式感去把握。形式感是对可视形象特征的整体感受，是一种审美心理活动，是人类在生产实践和艺术实践中逐渐形成的完善的审美感觉能力。引导学生运用多种形式美法则进行视觉艺术欣赏，可以培养他们的形式感。

形式感的敏锐程度决定了欣赏的不同层次。当学生用“能感受形式美的眼睛”去观看时，造型艺术中的色彩、线条、形体、图案等就不再只是简单的物象，而是具有审美感染力、体现作者情感和形象意蕴的艺术符号。色彩是造型艺术重要的形式因素，在培养形式感方面具有重要作用。马克思说：“色彩的感觉是一般美感中最大众化的形式。”[①] 色彩作用于人的视觉感官，会产生心理效应，能够表现和传达情感。通过对色彩的感受，学生可以把握艺术家的创作个性，体会作品的情绪氛围和意蕴。以凡·高的《向日葵》为例，协调的黄色调中跳动着不同倾向的黄色系列，单纯而丰富。火焰般

---

① 《马克思恩格斯全集》第13卷，145页，北京，人民出版社，1962。

升腾的花朵，明亮强烈的黄色，是画家在宣泄自己狂热的生命力和被压抑的激情。

第二，营造生活空间，提高审美能力。视觉艺术通过具有物质实体的空间形象及其组合建构美的生活环境，对提高学生的审美情趣、审美能力有积极作用。视觉艺术中的建筑给人们提供了工作、学习、娱乐的空间，绘画、书法、雕塑、摄影、工艺作品等具有优美的造型，可以装饰美化生活的内部和外部空间。对内部空间来说，把视觉艺术运用到环境布置中，能通过色彩的合理搭配、工艺品的适当点缀、书法绘画的精心装饰营造出富有审美情趣和独特品位的居住空间。在学校建筑内，按照形式美的规律设计空间，放置富有理想感召力的雕塑，悬挂高雅充实的书画作品，亦可营造出积极向上的教育环境，经常性地对学生进行美的熏陶。对外部空间来说，古代建筑和园林艺术以其传统造型和文化内涵营造出浓厚的文化氛围，能使学生在欣赏自然美的同时领略传统艺术之美，进而获得丰富的历史文化知识。

中国当代建筑也在源源不断地提供视觉艺术范例。2020 年落成的位于张家口的国家跳台滑雪中心（图 9–1）有着“雪如意”的美称。国家跳台滑雪中心设计负责人这样介绍“雪如意”的设计初衷：当发现跳台滑雪赛道的 S 形曲线与中国传统吉祥饰物如意的曲线非常契合时，很自然地产生了“雪如意”的创意。跳台滑雪赛道的剖面形状，加上顶部的环形公共空间和底部的圆形体育场，形成了一个与如意高度契合的造型。如果说由两个巨大支柱支撑、半悬浮于空中的顶峰俱乐部是“雪如意”的“柄首”，那么，蜿蜒起伏的 S 形赛道便是它的“柄身”，底部的结束区和观众区则是它的“柄尾”。这使得“雪如意”在体现体育建筑动感造型和独特空间设计的基础上凸显了中国元素。学生置身于这样一个视觉艺术空间，既可领略现代建筑的科技之美，又能感受中国历史文化的深厚底蕴。

第三，美化个体自身，增强艺术修养。视觉艺术美育不但可以陶冶学生的心灵，也可以美化其外表。视觉艺术在满足人的精神生活需要的同时，也能满足人的物质生活需要。学生经常观赏优秀的视觉艺术作品，能够增强文化艺术修养，并能美化个体自身，充实精神生活和物质生活，确立积极向上的人生观。视觉艺术对人的外表的美化，最集中地体现在服装上。工艺中的服装是人类物质文明

图 9-1

国家跳台滑雪中心

和精神文明的重要象征。服装的穿着美表现在服装与人的和谐关系上。一方面，服装要适应人体，突出体形的美，掩盖或弥补体形的不足。另一方面，服装应适应人的职业、年龄、个性、气质以及文化素养。学生的着装就应遵循这一审美原则。大学生着装要注意色彩的协调，服装和服饰的合理搭配，达到整体的和谐，使服装真正起到修饰外表的作用，并体现出个体的审美修养。

2. 视觉艺术美育的举措

视觉艺术是以视觉感受为基础的直观性艺术。实施视觉艺术美育，要让学生能通过形式美符号组织形式去获得确定的艺术形象，了解艺术与历史文化的关系，参与视觉艺术的创造实践。

第一，审辨艺术符号，领略造型之妙。视觉艺术美育要让学生从审辨各类视觉艺术独特的艺术符号入手。视觉艺术主要以自然符号即物质材料为媒介，运用形式美的法则，通过各种表现手段将其整合为艺术符号，再利用艺术符号创造出具有感性外观和精神意蕴的艺术形象。因此，学生只有了解了绘画、书法、雕塑、建筑、工艺、摄影等各自特有的艺术符号体系，才能感受其艺术形象，把握其审美特征，进而真正领略视觉艺术的造型之妙和意蕴之美。例如，中国画是线的艺术，讲究“骨法用笔”，这使得中国画一直以线条作为塑造形象的基本艺术符号。我们只有审辨出线的形式美感和艺术趣味，才能真正体味中国画的艺术精髓。

第二，了解历史文化，提升艺术品位。视觉艺术美育的实施要以引导学生了解艺术与历史文化的关系作为基础，提升其艺术欣赏的品位。艺术被认为是文化的镜子，视觉艺术因其物质实体的外观和瞬间永恒的特性，直接参与、推动和反映了人类文化的历史发展。同时，社会文化作为一种时代因素，对视觉艺术的创造和欣赏也产生了巨大影响。如果不了解中国哲学史上崇尚老庄的魏晋玄学，就无法领略和鉴赏那个时期以王羲之、王献之为代表的书法艺术的深层意蕴。同样，只有了解了欧洲文艺复兴时期积极的人文主义思想和强烈的战斗精神，才能对意大利“文艺复兴三杰”（达·芬奇、拉斐尔和米开朗琪罗）的绘画或雕塑有深刻的认识。文化修养的广博能够提升艺术修养的水平。

第三，鉴赏艺术精品，参与艺术创作。视觉艺术美育的实施离不开鉴赏优秀艺术作品和参与艺术创作。多欣赏绘画、书法、摄影作品，可以提高学生对色彩、线条、构图、明暗的敏感度；多观看建筑、雕塑、工艺作品，可以增强学生对体形、体量、空间的感受。经常鉴赏视觉艺术精品，可以逐渐训练出“能感受形式美的眼睛”。大学美育应该引导学生积极参与视觉艺术的创作实践，组织他们对校园、教室空间进行美化，开展绘画、书法、摄影等艺术活动，培养他们对视觉艺术的爱好。

（四）综合艺术美育

1.综合艺术美育的作用

综合艺术从接受的角度说，是最具广泛性、群众性的艺术，美育作用巨大。

第一，培养综合审美感受力。综合艺术完美地融合了不同艺术门类的多种艺术元素，尤其是影视艺术把现代科技和艺术结合起来，形成了丰富的艺术表现手段和强大的艺术感染力。人类最重要的审美感官是视听感官。聆听音乐，主要训练学生“有音乐感的耳朵”；欣赏绘画、雕塑、建筑，更多是培养学生“能感受形式美的眼睛”。综合艺术是时间艺术与空间艺术、视觉艺术与听觉艺术、动态艺术与静态艺术、再现艺术与表现艺术全面融合的艺术，它所塑造的艺术形象能够提供丰富的审美信息。在欣赏过程中，艺术形象会作用于视听感官，这就要求观众耳目并用，让审美感知能力全面活跃起来，真正感受综合艺术的情境美、表演美、声画美、意蕴美。对优秀的综合艺术作品的欣赏，能够培养学生敏锐的艺术“通感”，反过来又可以加深对视觉艺术、表演艺术、语言艺术的感知和理解。

第二，体验戏剧、戏曲的交流感染。戏剧、戏曲艺术能以现场表演营造的审美氛围，使演员与观众、观众与观众之间实现直接的情感交流。这种交流能使戏剧、戏曲艺术塑造的艺术形象直接感染观众。戏剧、戏曲艺术的舞台形象具有强烈的审美感染作用，学生在欣赏戏剧、戏曲时，会与之产生情感的交流和共鸣。戏剧、戏曲艺术的创作与欣赏在同一时空中进行，演员的表演是对剧本形象的“二度创作”，观众的欣赏则是“三度创作”。戏剧、戏曲表演的剧场性营造出特殊的审美氛围。在这种氛围中，演员在感情上与观众直接交流，观众之间也会互相感染，而观众的情绪反应又会进一步影响演员的表演。这种三角反馈的交流效果会大大激活观众的审美感受力，促使其对作品做出更深入的思索、判断和理解。

例如，《死无葬身之地》是法国存在主义哲学家、文学家萨特1946年创作的话剧，1997年首次被搬上中国话剧舞台。《死无葬身之地》描写了第二次世界大战期间，几名游击队员在民族解放运动中不幸被捕的故事。行刑的前一夜，多种因素引发的恐惧使所有人都面临严峻的考验。人物的彷徨、无助、绝望，人性最深处的爱与恨、美与丑、勇敢与怯懦、崇高与卑鄙，被表现得淋漓尽致。剧中人物在极端情境中必须做出抉择，以实现各自的人生价值和自我超越。反法西斯战士在反复审视自身灵魂后，选择了宁死不屈。《死无葬身之地》的演出选择了小剧场。观众进入小剧场的戏剧空间，仿佛置身于戏剧情境之中。演出时，演员随意走动，甚至来到观众身边。剧中人物无论是坐入观众席，或是呼喊救命，还是最后对观众大声发问，都拉近了与观众的距离，把观众带入戏剧的紧张氛围中。观众不论坐在哪里都可以看清演员的表演，都能和演员直接地互动。在这样的戏剧氛围中，演员的感情与观众的感情直接交流，观众之间也互相感染。《死无葬身之地》的演出使观众感受到一种强烈的精神震撼力，能引发观众对人生价值和自由选择等命题的深沉思考。

戏剧、戏曲是人类进行群体情感体验和直接交流的重要方式。虽然在今天面临影视艺术的挑战，但戏剧、戏曲仍是不可替代的。学生可以到剧场去感受戏剧、戏曲舞台上的悲欢离合，与演员一起体验人物的喜怒哀乐，这也是出于精神交流的需要。戏剧、戏曲艺术可以让学生直接看到演员塑造艺术形象的过程，不论是悲剧还是喜剧，都能令学生在充满矛盾冲突的戏剧情境中，在真善美与假恶丑的激烈抗争中，受到情感震撼和思想启迪，促进他们形成健康的精神指向和行为准则。“各种戏剧演出形式（在我们的社会里，通过群众性的交流媒介，每个人天天都接触到它们），都是社会用来把它的行为准则传达给它的成员们的主要工具之一。这种思想交流的作用，一方面在于鼓励效仿，一方面提供必须防止和避免的行为的实例。”① 这种“传达”正是通过情感交流所产生的感染力，使社会普遍的道德情感和行为准则在观众身上内化而实现的，特别有利于培养学生的美好心灵，即个体的美好德行修养和知行统一的人格。学生在剧场中和演员与其他观众交流思想情感，相互的精神、情绪的撞击可以形成一种集体意识，引导他们对自己的情感行为进行思索、评价，按照社会道德规范做出相应的调整，并扩散到剧场外的日常生活中。

第三，感受电影、电视的视野拓展。影视艺术作为建立在科学技术基础之上的现代艺术，其突出的美育作用是通过直观逼真的艺术形象拓展学生的视野，加深他们对自然、社会、历史、科学、人生的认识，从而建立起完整的知识结构，形成高尚的精神境界。影视艺术是当代社会的大众艺术，凭借互联网得到进一步传播，其渗透力、包容性和覆盖面都是其他艺术所不及的。欣赏影视艺术，可以使学生领略自然奇观与灿烂文化，更加全面地了解古今中外的社会生活，增长多方面的知识，丰富知识结构；可以激发学生探索、创新的热情，促使他们投身于艺术和科学创造活动。看电影和电视剧是学生在学习之余常见的休闲活动和娱乐方式。影视艺术在给予学生视听享受、心理快感和知识满足的同时，也可以通过艺术形象潜移默化地实施美育，充实和提高学生的精神境界，助益于学生美好心灵的养成。

2. 综合艺术美育的举措

综合艺术融合了多种艺术门类的审美因素，其美育举措在于引导学生把握综合艺术作品整体的艺术符号体系，并把审美感性活动和审美理性活动统一起来，通过欣赏复杂而宏大的艺术形象全面提升审美素质。

第一，把握整体艺术符号体系。实施综合艺术美育，先要让学

---

① ［英］马丁·艾思林：《戏剧剖析》，罗婉华译，12 页，北京，中国戏剧出版社，1981。

生把握戏剧、戏曲、电影、电视剧等艺术的整体艺术符号体系。艺术符号体系是实现艺术家和欣赏者之间沟通交流的桥梁。对于戏剧，学生应该了解它表现矛盾冲突的戏剧情境和人物的性格特征。对于戏曲，学生要掌握它生旦净丑的角色分类和唱念做打的表演程式。对于影视艺术，学生要在把握其基本艺术符号（如镜头、蒙太奇）的基础上，进一步了解推、拉、摇、移、跟、升、降的拍摄方式，以及远景、全景、中景、近景、特写等不同景别的运用。欣赏综合艺术，只有综合把握其艺术符号体系，才能真正找到进入的途径，受到强烈的审美感染。

第二，统一审美感性和审美理性。综合艺术美育要让学生在观赏活动中把审美感性活动和审美理性活动统一起来，审美地感知艺术形象。审美地感知是对艺术整体的欣赏。在欣赏综合艺术时，不但要欣赏戏剧性的故事情节，还要欣赏艺术家塑造的富有性格特征的人物，并进一步感受、领悟、理解故事和形象所传达的人生哲理和文化意蕴。这样才能获得真正的审美享受，并在情感上得到净化，在思想上得到启迪。综合艺术是最具群众性的艺术，特别是电视剧已走进千家万户。不过，影视艺术在发挥美育作用的同时也有可能产生负面作用，因此审美感性活动和审美理性活动的统一尤其重要。综合艺术美育可以培养学生的审美感知能力和理性思考能力，提高学生的艺术修养和审美判断力，帮助他们自觉抵制不健康作品的侵蚀，进而陶冶情操，树立崇高的人生理想。

本章摘要

艺术门类可分为语言艺术、表演艺术、视觉艺术和综合艺术四大类。艺术美育是以语言艺术、表演艺术、视觉艺术和综合艺术为内容的审美教育活动。艺术美育是大学美育的核心，它的根本目的是培养具有审美思维和创新精神的全面发展的人。形式美是人类符号实践的一种特殊形态，是从具体美的形式中抽象出来、由自然因素及其组合规律构成的、具有独立审美价值的符号体系。形式美育对艺术门类美育具有重要意义：培养形式感，提高鉴赏力；欣赏艺术精品，增强形式感受力；拓展文化视野，提高审美素质。语言艺术美育的作用有二：文学形象的感染熏陶；审美意蕴的浸润涵濡。语言艺术美育的举措有三：引导对语言文体的欣赏；培养形象再创造的能力；加深对审美意蕴的领悟。表演艺术美育的作用有二：净化情感，升华人格；

愉悦身心，协调群体。表演艺术美育的举措有二：感知乐音舞体，熟悉符号体系；借助多种媒介，参与表演实践。视觉艺术美育的作用有三：培养形式感，激活敏锐度；营造生活空间，提高审美能力； 美化个体自身，增强艺术修养。视觉艺术美育的举措有三：审辨艺术符号，领略造型之妙；了解历史文化，提升艺术品位；鉴赏艺术精品，参与艺术创作。综合艺术美育的作用有三：培养综合审美感受力；体验戏剧、戏曲的交流感染；感受电影、电视的视野拓展。综合艺术美育的举措有二：把握整体艺术符号体系；统一审美感性和审美理性。

思考与练习

1. 为什么说艺术美育是大学美育的核心？
2. 形式美育对艺术门类美育的意义表现在哪些方面？
3. 语言艺术美育的作用是什么？
4. 表演艺术美育的举措包括什么？
5. 为什么说视觉艺术的形象意蕴主要是靠形式美来体现和传达的？
6. 结合一部电影或电视剧，简述综合艺术美育中影视艺术美育拓展视野的作用。

深度阅读书目

1. [美]沃尔夫、吉伊根：《艺术批评与艺术教育》，滑明达译，成都，四川人民出版社，1998。作者对艺术批评、艺术教育的概念及应用问题，从理论到实践进行了详尽的阐述，能为中国艺术教育提供可资借鉴的理论观点和实践经验。

2. [德]爱克曼：《歌德谈话录》，朱光潜译，北京，人民文学出版社，1978。作为文豪的挚友与助手，爱克曼忠实地记录了歌德晚年有关哲学、美学、文艺理论与创作实践的重要谈话，较全面地反映了歌德的思想。

3. 王一川：《大众文化导论》，北京，高等教育出版社，2004。该书系统讲解了大众文化在文化建设中的地位和作用，阐释了大众文化的基本内涵、特征和规律，并着重介绍了电影、电视、畅销书、流行音乐、互联网、广告、青春亚文化等大众文化形态，引导读者追求先进的、健康的大众文化，抵制落后的、腐朽的大众文化。

4. [英]马丁·艾思林：《戏剧剖析》，罗婉华译，北京，中国戏剧出版社，1981。该书是艾思林对其戏剧艺术理论和艺术思想的阐述，包括对戏剧模仿、戏剧情境等进行的深入探讨。

第十章
网络艺术美育

1946年，世界上第一台数字电子计算机“埃尼阿克”（ENIAC）诞生，标志着人类社会步入由数字技术主导的信息社会。20世纪后期，计算机技术和通信技术的结合推动着一个无远弗届的互联网时代的到来。加拿大传播学家麦克卢汉指出：“任何技术都逐渐创造出一种全新的人的环境。”[①] 互联网技术与文化的狂飙突进建构出全新的美育语境，什么是美、如何欣赏美、如何创造美、如何开展美育等问题也都发生了深刻变革。一方面，借助数字化网络，各种自然美、社会美与艺术美都可穿越时空跃入眼帘，让欣赏者“观古今于须臾，抚四海于一瞬”。另一方面，以互联网为土壤，网络文学、网络游戏、网络音乐、网络视听等新兴艺术样式竞相绽放，并日益渗透进人们的日常生活，发挥着越来越重要的美育作用。网络艺术给人的独特审美体验，显著体现在跨界融合美、开放互动美、趣缘分赏美与沉浸体验美四个方面。

一、跨界融合美

迄今为止，互联网的发展大致分为两个阶段：第一个阶段是20世纪末随着个人计算机的普及而崛起的PC互联网时代；第二个阶段是21世纪以来随着移动通信、智能手机等技术的发展而出现的移动互联网时代。互联网技术是一种数字技术，其本质构成是二进

---

① ［加］马歇尔·麦克卢汉：《理解媒介——论人的延伸》，何道宽译，25页，北京，商务印书馆，2000。

制数字。在数字技术的保障下，“所有媒体都被转化为可供计算机使用的数值数据。图像、运动影像、声音、形状、空间和文本都成为可供计算机处理的一套套数据”①。由于代码、算法、程序代替了颜料、画布、纸笔等实体材料成为最基本的艺术工具，网络艺术也就具备了高度的可复制性、可计算性、可通约性，显示出明显的跨界融合特性。

（一）时空体验的重构

网络艺术的跨界融合美首先体现为时空边界的消融与时空体验的重构。一方面，随着技术的发展，各种各样的传统艺术作品都可以通过数字化转换，以图片、视频等方式出现在网络上。以电影艺术为例，传统电影作品往往运用胶卷这一特殊介质进行存储，并借助电影院的相关设备进行放映。但在数字化时代，数字格式的影像可进行更加高效的存储、复制和传输，观众可以通过手机、平板电脑等便携式设备观看。再如，历经沧桑的敦煌石窟是中国传统艺术的璀璨明珠。面对文物保护与传承的难题，敦煌研究院提出了“数字敦煌”的构想。如今，大量经过数字化加工的敦煌石窟资源通过互联网技术向世界开放。只要登录“数字敦煌”，人们就可以领略不同洞窟内千姿百态的壁画，甚至可以通过全景漫游的方式进行体验。

这种艺术信息的虚拟化带来的是审美体验的非在场化。网络艺术作品主要是借助虚拟网络空间进行传播的，这种传播方式改变了过去欣赏者和艺术品同时在场的体验感。以往，艺术欣赏常发生在带有仪式性的环境中，如美术馆、博物馆、剧院、电影院等，这些环境能为审美主体和审美对象的交流提供特殊氛围。现在，各类网络界面成为人们通往多元世界的入口，人们可以通过网络在艺术的海洋中畅游。意大利电影理论家弗朗西斯科·卡塞蒂曾将传统观影与网络观影相对比，提出了一个颇有意思的概念——“超托邦”（hypertopia）。在卡塞蒂看来，与影院观影是从三维的真实空间通往银幕上二维的虚拟空间不同，在网络观影所形成的“超托邦”这

---

① ［俄］列夫·马诺维奇：《新媒体的语言》，车琳译，25 页，贵阳，贵州人民出版社，2020。

一新的空间结构中，“不是前往‘其他’地方，而是有许多‘其他’地方降落在这里，令我的世界变得饱和。迁移的电影离开了异托邦的地域，并采用了这种新的空间结构：它不再要求我去它那里；它直接来到我身边，无论我在哪里”①。

网络艺术这种虚拟化和非在场化的优势在于，受众可以轻易获得丰富的艺术信息。与此同时，受众可能会失去对艺术品具体材料质感进行近距离感知的机会。试想，如果我们无法近距离地欣赏《蒙娜丽莎的微笑》画布上的细腻油彩，无法近距离地观察青铜器上的斑驳锈痕，无法置身于故宫的宏阔空间之中，又怎能真正地体会到它们的魅力呢？德国哲学家本雅明曾将传统艺术与20世纪初期机械复制时代的艺术进行对比。在本雅明看来，传统艺术着重于展现艺术的“膜拜价值”，机械复制艺术着重于展现艺术的“展示价值”，因此前者散发着独特的“光韵”。相比20世纪初期的机械复制时代，如今数字化、虚拟化的网络艺术可以说进一步凸显了艺术品的“展示价值”。

（二）媒介边界的消融

数字技术与网络文化的快速发展推动着媒介融合（media convergence）时代的到来。所谓“媒介融合”，指不同媒介之间的聚合与汇通所形成的跨媒介、融媒介景观。美国学者里奇·高登将媒介融合的内涵阐述为媒介技术融合与媒介组织融合两大方面，媒介组织融合又包含媒介所有权融合、媒介策略融合、媒介结构融合、媒介信息采集融合以及媒介叙事融合五个维度。②相比传统艺术，网络时代的艺术在创作、传播、接受过程中呈现出强烈的媒介融合特征。

一方面，这种媒介融合特征指的是某部作品在创作、传播、接受方面跨越多重媒介。在创作上，网络艺术越来越擅长综合运用文字、图像、影像、声音、光线等媒介来呈现创意；在传播上，网络

---

① F. Casetti, *The Lumière Galaxy: Seven Key Words for the Cinema to Come*, New York, Columbia University Press, 2015, p. 144.

② R.Gordon, “The Meanings and Implications of Covergence”, *Digital Journalism: Emerging Media and the Changing Horizons of Journalism*, edited by K. Kawamoto, Lanham, Rowman & Littlefield Publishers, 2003, pp. 57–74.

艺术善于借助网站、网络社交平台、通讯软件、报纸、电视等新旧媒介进行全媒体传播；在接受上，受众有多种多样可进行艺术欣赏的上网设备。在此，不妨借用媒介研究中的“非媒介性”（immediacy）和“超媒介性”（hypermediacy）概念。非媒介性指承载内容的媒介倾向于透明或消失，让受众意识不到它的存在；超媒介性指媒介有意凸显自身的存在，让受众不断跟媒介互动。① 在传统艺术中，艺术媒介更倾向于非媒介性，这样可以让欣赏者的目光聚焦在作品所塑造的艺术意象上。例如，普通欣赏者在欣赏传统绘画时，往往更关注画面所描绘的人物或风景，而忽视作品所使用的颜料、画布。网络时代的新媒介艺术有意突出媒介的地位，时常提醒受众媒介的存在。以《网络谜踪》（2018）等“桌面电影”为例。这类影片的故事情节是以电脑桌面上各种各样的界面为载体而推进的，可以说淋漓尽致地展现出人们日益被网络媒介、界面或平台包围的生存境遇。

另一方面，这种媒介融合特征还体现为某一特定艺术创意在不同媒介间的流动迁徙，即近些年来在文化工业中颇为流行的跨媒介叙事。跨媒介叙事古已有之，但这种艺术生产方式的流行与近些年来互联网与媒介技术、文化工业等高速发展的新的社会文化状况息息相关。从《星球大战》《神秘博士》《黑客帝国》到《蜘蛛侠》《哈利·波特》，全球文化工业涌现出许许多多跨媒介叙事的典范。在这些案例中，故事创意常常会在电影、电视、漫画、文学、主题公园等不同的艺术媒介中流动，形成一个个彼此呼应但又相对独立的艺术文本，最终联结为一个庞大的、高度互文的故事世界。值得注意的是，中国文艺创作也涌现出醒目的跨媒介叙事热潮，如《西游记》《封神演义》《熊出没》《流浪地球》等有代表性的艺术案例，形成了十分醒目的文化景观。依赖于“媒介之网”编织起来的“故事之网”，鲜明地昭示出我们时刻在“网”中的历史方位。

不过也需要看到，以好莱坞为代表的欧美跨媒介叙事有着深厚的文化工业基础与跨媒介实践经验，有丰厚的知识产权作为支撑。与之相比，中国的跨媒介叙事是 21 世纪以来快速发展的文化工业

---

① J.D. Bolter & R. Grusin, *Remediation: Understanding New Media,* Cambridge, The MIT Press, 1999, pp. 20–44.

与媒介技术的突发式交融，其中最为重要的特点就是对互联网文化与技术的深度依赖。中国跨媒介叙事主要依赖以网络文学为代表的网络文艺作品，且高度依赖“人气艺人”与“网生代”粉丝，并在审美趣味上追求所谓“网感”。然而，网络文学的参差不齐、“人气艺人”的表演乏力与粉丝群体的审美区隔，影响了中国跨媒介叙事的健康发展。尤其是受到资本短期逐利的裹挟，跨媒介叙事作品的艺术质量有待提升。

（三）艺术与生活的交融

艺术与生活的双向交融，或者说日常生活审美化，也是网络艺术跨界融合美的一大体现。“日常生活审美化”的概念最早是由英国社会学家、传播学家迈克·费瑟斯通提出来的。通过这一命题，费瑟斯通指出了后现代消费社会中艺术和生活之间界限越来越模糊的现象。这一趋势在互联网语境下愈演愈烈。

一方面，互联网技术的发展加速了美育空间向生活空间的渗透。人们能随时在各种各样的日常生活空间中展开审美体验。例如，国内外各种流媒体平台发展得风生水起，移动互联网技术的迭代也使随时随地观看视听节目成为可能。如今在街头、地铁、广场等户外场所随处可见沉浸在网络艺术世界中的人，美育频次显著提升。另一方面，互联网技术的发展加速了生活空间向美育空间的入侵。例如，网络短视频、网络直播等风靡一时，催生出“喊麦”“社会摇”等非常生活化的艺术形式。具体而言，与其他音乐形式相比，“喊麦”作品普遍缺乏音乐性，没有实现歌词与韵律的有机统一，表演者往往只是在动感节奏中喊出简单直白的歌词，生活化倾向明显。

二、开放互动美

互联网的网络化、交互性使网络艺术呈现出显著的开放互动美。传统艺术的创作和传播往往是线性的、单向的，艺术家在艺术场域中占据着核心地位，受众只是被动的接受者。但在互联网语境中，艺术的去中心化趋势越来越明显，艺术场成为一个流动开放的疆域，创作者、传播者、接受者等不同角色之间的互动愈加频繁。这种开放互动美主要体现在参与式受众、开放式作品与自主式美育三个方面。

（一）参与式受众

所谓“参与式受众”，指网络艺术受众正从以往单纯的接受者转变为接受者、传播者和生产者多重混合的角色。美国传播学者亨利·詹金斯曾提出“参与式文化”（participatory culture）这一概念，认为网络受众在文化和艺术中扮演着越来越重要的角色。

网络打破了艺术的单向传播模式，受众与艺术家及作品的互动越来越频繁。例如，网络文学多采用连载方式，创作者可以根据受众反馈调整创作方向，这使得作品体现出强烈的集体参与性。再如，从互联网电影资料库（IMDb）到豆瓣网、时光网，各种电影评分网站已经成为观众抒发观影感受的重要阵地，而评分也会影响影片的市场表现。大行其道的“弹幕文化”更是体现出网络艺术的即时互动性。所谓“弹幕”，指在视频播放时同步弹出的评论性字幕。发送弹幕已经成为现在年轻观众的某种观看习惯，《秦时明月之龙腾万里》（2014）等院线电影还尝试推出过弹幕场次。弹幕作为一种伴随文本，其独特性在于以即时方式打开了作品的阐释空间，丰富了作品的意涵。赞同、批判、吐槽甚至无目的的弹幕在作品与受众、受众与受众之间搭建起沟通的桥梁，最终形成了充满仪式感和归属感的观赏共同体。不过，泛滥的弹幕也会喧宾夺主，导致作品本身触发的审美体验大打折扣。

与此同时，互联网降低了公众参与艺术的门槛，促使越来越多的受众进行创作，艺术大众化趋势进一步加快。以网络文学为例，一个人只需掌握基础的计算机技术，就可以展开文学创作。网络文学由此打破了严肃文学与通俗文学的界限，甚至可以说取消了这个二元对立结构。经过《第一次的亲密接触》（1998）等作品的投石问路，中国网络文学场域涌现出一大批具有影响力的作品。例如，今何在的《悟空传》（2000）以后现代主义的笔触重构了“孙悟空”这一家喻户晓的艺术形象，对传统西游故事进行了重新想象，戏谑、幽默中又显露出悲剧精神与彷徨气质，触及了一代人独特的成长体验和情感结构。2018 年，相关单位组织评选“中国网络文学 20 年 20 部作品”，入选的《间客》（2009）、《大江东去》（2009）、《繁花》（2012）等作品集中展现了中国网络文学创作所取得的艺术成就。不过，纵观中国网络文学的发展，同质化、粗糙化、低俗化现象亦饱受诟病。网络文学的精品化之路仍然任重而道远。

除了网络文学之外，还有许多网络艺术形式展现出多元丰沛的艺术生产力。越来越多的受众会从原文本中获取灵感，然后进行二次创作，如同人漫画、鬼畜视频。形形色色的用户也在视频平台上发布着多种多样的作品。其中，有些作品通过闲适浪漫的乡村乌托邦的建构满足了现代化进程中都市人的乡愁情绪与乡村想象，同时也因异国情调满足了国外网民的好奇。需要看到的是，“人人都是艺术家”也意味着艺术的业余化、生活化，艺术与生活之间的界限变得越来越模糊，审美低俗化、庸俗化现象泛滥。因此，在难以逆转的艺术大众化浪潮中积极引导大众审美的健康发展，是网络艺术面临的重要挑战。

（二）开放式作品

由于受众地位越来越显著，网络艺术也越来越注重文本的可选择性、可体验性、可参与性。网络艺术作品不再封闭自足，而是成为向受众敞开的场域。

最能说明这一点的，便是各类互动艺术在互联网时代的蓬勃发展。例如，以《下午，一则故事》（1990）为代表的“超文本小说”利用网络超链接创造出可供读者选择的情节走向，形成了与传统小说迥然不同的非线性结构。在这部小说中，美国作家迈克尔·乔伊斯设计了九百余个技术链接。读者可以根据不同的链接获取不同的阅读路径，领略不同的故事情节。1999 年，墨西哥裔加拿大艺术家拉斐尔·洛扎诺－亨默推出了网络互动装置艺术《矢量高程》（图 10–1）。这部灯光雕塑作品旨在用灯光改变墨西哥城佐卡洛广场的夜景，不同国家和地区的受众可以通过登录指定网站改变相关参数，使得光线呈现出不同的样态。这类网络互动艺术体现出显著的集体协作特征。以游戏《底特律：成为人类》（2018）、电影《黑镜：潘达斯奈基》（2018）等为代表的互动影像作品也十分引人注目，观众有一定的权力决定情节的走向。观众犹如徜徉在交叉小径的花园，在不同的路线中领略着迥异的叙事风景。

（三）自主式美育

开放交互的互联网在提升受众参与度的同时，也营造出全新的自主式美育环境。传统美育往往是被动的、他授的教育，施教者和受教者的角色区分比较明显，更加强调施教者的引导作用。互联网

图 10-1

拉斐尔·洛扎诺－亨默《矢量高程》

的去中心化特征以及海量便捷的艺术信息改变了传统的美育关系，唤醒了互联网用户的美育意识。人们参与美育的意愿更加强烈，可以根据兴趣利用网络平台观赏、评价与创作艺术作品，观看在线美育课程等。可以说，“互联网时代的美育比以往更具有自我教育特征，因而更加多样化，个体的审美偏好比以往也得到更多确认和放大”[①]。

不过，互联网在唤醒和重塑美育主体性的同时，也催生出许多值得忧思的现象。一方面，自我美育主要为个人兴趣所驱动，其有效性、持久性、完整性都值得商榷。有些受众追求纯粹的感官刺激，被低俗化、庸俗化、娱乐化的内容裹挟，陷入“注意力经济”的陷阱。互联网的便捷即时性有时反而导致艺术信息的传播越来越碎片化、平面化，限制了受众审美水平的有效提升。例如，随着微信平台的崛起，以影视评论为代表的微信艺术批评大行其道，并且呈现出新闻化、图像化、生活化、人格化的特征。[②]有些批评者为了追求阅读量而过度娱乐化、戏谑化、浅薄化，丧失了艺术批评应有的严肃理性精神。这类批评的流行对公众艺术判断力的提升多无助益。

① 胡一峰：《构建互联网时代美育新格局》，载《人民日报》，2019-03-12。

② 关于微信艺术批评的特征，可参见李宁：《微信场域下的中国电影批评生态》，载《文艺研究》，2016（12）。

另一方面，互联网技术的发展呈现出压抑审美的一面。例如，许多平台会通过算法分析用户的审美趣味，持续推送风格相似的作品。长此以往，欣赏者的审美视野与品位会很大程度上被算法左右，陷入“信息茧房”，这会限制审美体验的多元拓展。因此，在倡导网络自主美育的同时，也要有意识地引导和提升网络艺术受众的媒介素养，使其保持一定的独立判断和反思意识。

三、趣缘分赏美

互联网一方面是无限开放的，另一方面又是由许许多多有着无形边界的虚拟社区构成的。麦克卢汉指出，人类进入电子文明后将重新“部落化”。美国未来学家托夫勒在《第三次浪潮》中也认为，“分众化”是人类社会的未来趋势之一。在网络语境中，艺术受众并非审美趣味相通的集体，而是根据媒介接触渠道、文化教育背景、审美趣味等形成的众多富有区别性的趣缘群体，体现出越来越显著的艺术分赏。所谓“艺术分赏”，指由日常媒介接触惯习所形成的不同公众群体间相互分疏的艺术鉴赏状况。这就是说，不同的公众群体有着不同的艺术鉴赏状况。[①]

（一）审美圈层的崛起

网络艺术的趣缘分赏美首先体现为审美的分众化、圈层化趋势越来越显著。互联网催生出纷繁驳杂的圈层文化，且以青年亚文化为主体。其中，有借网而兴的既有文化艺术形式，如街舞、说唱、朋克、传统服饰、脱口秀、同人、赛博朋克等；也有因网而生的新兴文化艺术形式，如网游、弹幕、鬼畜等。二次元文化是当下审美圈层现象的代表，指以“御宅族”（电子游戏、漫画、动画、网络文学等艺术的狂热爱好者）群体为主的文化形态。在我国，随着相关网站的涌现，二次元文化正一步步走入大众与主流的视野。二次元文化是虚拟网络与青年特质的交融，有着典型的少年热血的特色。与三次元现实相比，二次元世界更像是一个唯美诗意的理想国，一个被倾注了众多梦想的乌托邦。

审美圈层崛起的意义在于形成了一个个具有归属感、认同感和

---

① 王一川：《全媒体时代的艺术状况》，载《人文杂志》，2014（11）。

仪式感的审美共同体，为形形色色的青年亚文化提供了栖身之地。这是文化多样性与审美多样性的生动体现。不同的圈层构成了不同的群体美育环境，提升了人们自我美育的积极性和有效性。美国心理学家雪莉·特克尔曾提出“群体性孤独”（alone together）这一概念，认为这是网络化、虚拟化生存带来的集体心理。在审美圈层内部，人们可以共享艺术趣味，纾解现实的焦虑，消减群体性孤独。当然，也需要看到，许多网络艺术圈层呈现出排他性、非理性的一面。一些圈层成员会在以种种互动仪式强化群体认同、进行自我赋权的同时，与其他圈层展开对抗，从而导致审美的偏狭，甚至导致社会文化的对立和撕裂。

因此，有必要引导不同审美圈层之间的良性对话。创作者应当在积极“入圈”的同时勇敢“破圈”，寻找分众化与大众化的平衡点。例如，网络综艺节目《乐队的夏天》第一季（2019）聚焦摇滚、民谣等相对小众的艺术形式，借助活泼有趣的视听风格与新老乐队的激烈竞争，将摇滚、民谣的文化怀旧与当代观众的情感状态糅合在一起，引发了热烈反响。越来越多的主流艺术作品也开始有意识地利用网络传播平台、网络话语风格来打破文化壁垒。例如，纪录片《我在故宫修文物》（2016）、电视综艺《国家宝藏》第一季（2017）、电视文化类节目《典籍里的中国》第一季（2021）、文化剧情舞蹈节目《舞千年》（2021）等作品的热播，实现了中华优秀传统文化向不同圈层的濡染。

（二）粉丝经济的风靡

随着审美圈层的崛起，粉丝经济的潮流愈演愈烈。所谓“粉丝”，指的是文化工业和网络艺术中最为积极的受众。他们是过度的消费者，也是完美的消费者。他们会为作品或偶像付出更多的情感劳动，与之产生紧密的情感联结。英国传播学家约翰·费斯克指出，相对于普通受众，粉丝群体具有更显著的辨别力、生产力和资本积累能力。[①]

以粉丝群体为代表的受众在文化工业中地位越来越显著。往往是艺术受众的审美口味决定了艺术资本的流向，受众与资本在此基

① J. Fiske, “The Cultural Economy of Fandom”, *The Adoring Audience: Fan Culture and Popular Media*, edited by L. A. Lewis, London, Routledge, 1992, pp. 30–49.

础上联手开启一系列艺术再生产。近年来，“粉丝经济”“粉丝电影”等逐渐得到讨论。互联网时代的艺术生产场看似越来越走向受众中心主义，实际上受众的品位与行为深受资本逻辑的主导。当前的年轻粉丝基本上是浸润在互联网文化中的“网生代”，虚拟化生存造就的孤独感也促使他们寻求新型的亲密关系，同偶像建构起情感和利益的共同体。

粉丝群体中也出现了价值观乱象，亟待引导与管理。一方面，随着在娱乐产业中权力与地位的日益加重，粉丝群体的成就感与欲望开始膨胀。粉丝对偶像无原则的维护很容易招致粉丝群体之间的谩骂及相互打压。另一方面，需要警惕粉丝日益被资本和市场逻辑裹挟的现实。在社会多元化与市场经济的背景下，资本追求利益原本无可厚非。但当生产者在利益的诱惑下刻意宣扬某种趣味时，青少年粉丝群体就极易被资本逻辑绑架，甚至僭越道德底线，丢失文化担当。

四、沉浸体验美

互联网之于审美的影响，还在于大大提升了受众的沉浸体验感。一方面，随着日常生活日益被网络媒介包围，人们开始沉浸在网络艺术的广阔世界中；另一方面，互联网与虚拟现实技术的发展为人们提供了可以置身其中的沉浸式体验。

（一）过度注意体验

互联网的发展推动着图像文化、视听文化的狂飙突进。发光的屏幕和不断弹出的界面似乎有着无限的魔力，牢牢掌控着使用者的注意力。与传统的文学、绘画等艺术相比，网络直播、网络短视频、网络游戏似乎更能长时间地霸占受众的目光。美国学者凯瑟琳·海尔斯将注意力模式分为深度注意力（deep attention）与过度注意力（hyper attention），认为深度注意力的特点在于可以长时间聚焦某一目标，过度注意力的特点则是追求信息流动和强刺激水平。[①] 由此看来，传统艺术所激发的更多是深度注意力，带来的是一种静观与凝视的体验；网络艺术所激发的则是过度注意力，带来的是一种

---

① ［美］凯瑟琳·海尔斯：《过度注意力与深度注意力：认知模式的代沟》，杨建国译，载《文化研究》，2014（2）。

动态与散视的体验。

过度注意体验在网络游戏上表现得最为显著。20 世纪 90 年代以来，网络游戏一路高歌猛进，出现了端游、页游和手游等形式，涌现出许多经典作品。网络游戏自诞生以来就伴随着争议。它不仅被视为远离现实的虚幻世界，甚至因暴力色情、容易成瘾等问题被视为荼毒青少年的精神鸦片。也正因此，对于网络游戏究竟算不算艺术，人们莫衷一是。我们认为，网络游戏是数字科技与人类审美的融合，是一种在叙事架构、人物设置、时空营造、视听语言等方面具有丰富表现力的综合艺术样式。例如，有些游戏可以提升玩家的情感认同和文化认同，带来有趣的竞技和审美体验。但不可否认的是，审美水平的落后、人文精神的缺失、现实关怀的匮乏等是网络游戏的通病。随着社会文化的发展，网络游戏日益成为重要的文化载体。文化管理者、产业从业者应当有意识地推动网络游戏成为主流价值观和传统文化的传输平台，成为现实生活的精神催化剂与情感黏合剂。

互联网技术在不断强化过度注意力的同时，也在以信息洪流分散着人们的注意力。澳大利亚传播学者罗伯特·哈桑在《注意力分散时代》一书中指出，在经济全球化与信息技术革命的推动下，人们日益出现慢性注意力分散的毛病。例如，观看网络视听产品时，人们越来越习惯于使用“倍速播放”模式，习惯于用弹幕进行即时评价和交流。在这样的审美情境下，欣赏者越来越难以找回以往在美术馆凝视一幅画作时全神贯注、身心投入的状态。注意力集中与注意力分散这两种极端现象似乎已经成为这个时代的雅努斯的双面，我们不能不有所警惕。

（二）具身沉浸体验

上文所说的过度注意体验指的是一种艺术作品外在于欣赏者时带来的沉浸体验，而随着虚拟现实技术的发展，网络艺术已经可以为受众提供能够置身其中的沉浸体验。虚拟现实技术（Virtual Reality）指运用计算机图形学、计算机仿真等数字技术创造虚拟而逼真的三维空间，以带给观众真实感、沉浸感、交互感的技术。这一技术在 20 世纪六七十年代就已崭露头角，不过直至进入 21 世纪才因互联网技术和设备的突破而变得备受瞩目。虚拟现实技术的发展和应用不断为艺术开拓出新的天地，尤其常见于影像、游戏、表演等领域。

虚拟现实艺术模糊了虚拟与现实的界限，让艺术创作、传播与接受变得越来越虚拟化，但又让人们在越来越虚拟化的艺术作品中体验到越来越丰富的真实感。首先，虚拟现实技术改变了受众、艺术与现实之间的关系。艺术的独特之处在于可以创造供人们遨游的虚拟世界。传统艺术作品是外在于欣赏者的，欣赏者只能在感知的基础上，借助想象力进入艺术虚拟世界。尽管3D电影等艺术样式推进了人类对于虚拟世界的感知，但仍无法消除主体和客体分离的事实。虚拟现实艺术则能真正实现欣赏者与艺术世界的交融。此外，虚拟现实艺术还可以将虚拟化的艺术形象等置于现实时空，实现现实世界与艺术世界的交融。其次，虚拟现实艺术改变了人们欣赏艺术的方式。以往，人们对于艺术的欣赏只需要调动个别的感官。例如，音乐诉诸听觉，文学、绘画诉诸视觉，电影、电视诉诸视听。虚拟现实艺术可以让受众置身于艺术世界之中，充分调动受众视觉、听觉、触觉、嗅觉等更为多元的感官，这就强化了艺术欣赏的体验感、沉浸感。例如，由墨西哥导演亚利桑德罗·冈萨雷斯·伊纳里多执导的《血肉与黄沙》（2017）是首部获得奥斯卡金像奖的虚拟现实电影。这部7分钟的作品讲述了一群难民在边境穿越沙漠艰难迁徙的故事，借助虚拟现实技术营造了紧张惊险、震撼人心的沉浸式效果，让观众深深体会到难民在夹缝中求生存的苍凉命运。

虚拟现实艺术也存在值得反思之处。一方面是叙事能力的欠缺。目前，虚拟现实艺术的优势在于建构具有沉浸感的场景、环境，打破了传统艺术对受众视点的限制。但这样一来，其叙事能力就有所弱化，尤其是不善于展现多场景、多线索的故事。另一方面是审美距离的消解。在艺术欣赏活动中，面对艺术作品，欣赏者既要努力“入乎其内”，达到主客体交融的境界，也要“出乎其外”，与作品保持一定的审美距离。只有这样，欣赏者才能更为深入地体悟作品的诸多意味。虚拟现实艺术将欣赏者和艺术作品融为一体，这就在一定程度上消解了审美距离，使得欣赏者过于沉溺在艺术世界中，只获得浅层的审美体验，鲜能做进一步的想象、深思与体悟。

法国哲学家鲍德里亚指出，后现代消费社会已经失去了物质基础，而是被各种各样的符码统治着，他称之为“仿象”。鲍德里亚声称：“今天，全部系统都跌入不确定性，任何现实都被代码和仿真的超级现实吸收了。以后，仿真原则将代替过去的现实原则来管理我们。”[①] 互联网技术无处不在的虚拟触角正建构着越来越被仿象充塞的“超级现实”。未来，数字化美育、网络化美育会成为美育的主流形态之一。面对这种无法逆转的趋势，我们需要秉持拥抱与反思的双重立场，遵循美育规律，传承中华美育精神，充分借助互联网技术去探索真正的美，不懈地追寻品位的提升、人格的完善与心灵的自由。

本章摘要

互联网的发展日益建构出全新的美育生态。网络艺术带来的独特审美体验显著表现为跨界融合美、开放互动美、趣缘分赏美与沉浸体验美。跨界融合美主要体现在时空体验的重构、媒介边界的消融、艺术与生活的交融三个方面。网络艺术场域中，创作者、传播者、接受者之间的互动愈加频繁。这种开放互动美体现在参与式受众、开放式作品、自主式美育三个方面。在网络语境中，艺术受众并非审美趣味相通的集体，而是根据媒介接触渠道、文化教育背景、审美趣味等形成的众多富有区别性的趣缘群体，体现出越来越明显的艺术分赏，推动着审美圈层的崛起与粉丝经济的风靡。网络艺术的发展还极大提升了受众的沉浸体验感，这一方面体现为过度注意体验，另一方面体现为具身沉浸体验。

思考与练习

1. 如何理解网络艺术的媒介融合特征？试举例分析。
2. 跟传统艺术相比，网络艺术的开放互动美体现在哪些方面？
3. 结合相关案例，分析网络艺术的趣缘分赏美。
4. 怎样看待虚拟现实艺术给传统艺术带来的变革？

---

① ［法］让·波德里亚：《象征交换与死亡》，车槿山译，前言 3 页，南京，译林出版社，2001。该书将鲍德里亚译为波德里亚。——编者注

深度阅读书目

1. [英] 詹姆斯·柯兰、娜塔莉·芬顿、德斯·弗里德曼：《互联网的误读》，何道宽译，北京，中国人民大学出版社，2014。该书追溯了互联网的历史，并从社会、政治、经济等角度深入探讨了互联网几十年来对人类社会的影响，以辩证批判的目光重新审视了互联网的地位和作用。阅读此书，有助于读者进一步了解网络艺术所根植的土壤与环境。

2. [美] 雷切尔·格林：《互联网艺术》，李亮之、徐薇薇译，上海，上海人民美术出版社，2016。作者在书中探讨了艺术家是如何利用互联网媒介来创造各种新的艺术表现形式的，有助于读者了解当代西方互联网艺术的多样景观，以及互联网所导致的艺术观念、美学风格的变化。

3. [俄] 列夫·马诺维奇：《新媒体的语言》，车琳译，贵阳，贵州人民出版社，2020。本书探讨了计算机带来的媒介技术的革新，以及新媒介与旧媒介的复杂关联，有助于读者进一步理解网络媒介的特征。

4. 李四达：《数字媒体艺术简史》，北京，清华大学出版社，2017。该书非常翔实地论述了数字媒体艺术的起源与演进，脉络清晰，有助于读者进一步了解网络艺术的发展谱系。

5. 邵燕君：《破壁书：网络文化关键词》，北京，生活·读书·新知三联书店，2018。该书收录了近年来国内外流行的二百余个网络文化关键词，追溯其背后的文化演变，是一部新鲜有趣的网络文化词典。

第十一章
教师角色与美育

青少年的发展离不开美育，而美育是要靠人来实施的。教师是专门从事教育事业的工作者，理所当然地肩负着美育的职责。既然美育不只是艺术教育或艺术鉴赏教育，那么本章所言的教师就不只是美术、音乐等艺术课程的专任教师，而是囊括了所有以教书育人为职业的教育工作者。教师要展开美育工作，就应该对自身的教师角色、教学艺术有所认识，从而把整个教学活动融入学生审美成长的过程中。在这一过程中，教师与学生都是主体，师生之间的认识与互动构成了美育得以深入实施的基础。

一、教师角色、教学艺术与美育

对于青少年的成长而言，教师扮演着重要的角色。中国文化传统和教育传统认为“师者，所以传道受业解惑也”，“为人师表”当“师垂典则，范示群伦”。也就是说，教师应该是传授知识并以身作则，教导学生做人的人。《中华人民共和国教师法》第三条明确规定：“教师是履行教育教学职责的专业人员，承担教书育人，培养社会主义事业建设者和接班人、提高民族素质的使命。”可见，无论是过去还是现在，教师的角色都应该教书（知识传授）与育人（立德树人）并重。然而，进入数字化时代，知识更新与传播的速度越来越快，教师承担的知识传授功能在部分领域已可以被互联网及各种应用软件替代。教师的任务变得更加侧重育人。2015 年联合国教科文组织编写的《反思教育》指出：“新的数字技术的发展带来了信息和知识的迅速膨胀，并且方便了世界各地更多人口获得这些信息和知识……然而，很多观察家认为，世界正在出现越来越严重的种族、文化和宗教不宽容。”[①] 因此，“数字技术不会取代教师”，“所有国家必须仍将有效的教学职业视为本国教育政策的优先事项”[②]。

可是，经过数字技术的洗礼，新的教育任务是传统的教师角色难以完成的。时代发展要求教师完成角色转变，把师生关系从知识、经验、道德等的授受关系变为对话与交往关系，把教学过程变为对学生的引导、促进、启发与陪伴，着眼于学生人格的培养。如此，教师的工作便是富于创造性的、与培育人的心灵直接相关的工作。可以说，从工业时代知识传授者的角色中解放出来，成为学生学习的促进者与陪伴者，是当代教师最明显、最有时代性的角色特征。正是在这个根本性的变化上，教师角色与美育前所未有地紧密联系在一起。一方面，教师要把以审美之眼打量世界的方法论与价值观融入陪伴与促进学习的过程中；另一方面，作为师表、楷模，教师本人也成为学生的审美对象。在前一方面，教师要创造性地吸收和转化知识，运用教学设计艺术，采用有针对性的、灵活的、丰富有趣的教学手段组织教学，与学生产生积极的认知交流、情感沟通和思想碰撞，激发学生的主体意识和创造精神，使整个教学过程呈现为美育的过程；在后一方面，教师要不断提高自身修养，尤其是审美和艺术素养，使自己“活成一件艺术品”。

也就是说，教师要以自身为“教具”，投入美育教学之中，彰显自身角色的美育功能。这至少包括以下几个方面。一是美好健康的形象示范功能。教师是活的形象，其语言、表情、体态、行为等都体现着丰富生动的审美因素，对学生来说每时每刻都是一种直观的示范。例如，教师的着装会影响学生的时尚观念，教师乐观积极的精神风貌能促使学生精神焕发，教师的艺术趣味会影响学生的艺术偏好，教师的语言修养和语言表现能给学生提供母语审美的样板和规范。二是言传身教的心灵化育功能。在外在的形象示范基础上，教师更要塑造学生的人格。这种塑造是整体性的，不仅包括教学内容和教学手段，更包括教师的言行举止、道德情操、人格涵养、理

---

① 联合国教科文组织：《反思教育：向“全球共同利益”的理念转变？》，联合国教科文组织总部中文科译，15 页，北京，教育科学出版社，2017。

② 联合国教科文组织：《反思教育：向“全球共同利益”的理念转变？》，联合国教科文组织总部中文科译，46 页，北京，教育科学出版社，2017。

想追求。正如苏霍姆林斯基所言："教育者应当自身成为一个真正的大写的人——正确地去生活、热爱人们、高度保持自己的爱国者、公民、劳动者的品德。"[①] 当然，教师角色的心灵化育功能比较复杂，它对学生人格的培养也不像德育那样直接起作用，而是主要体现在情感上。三是春风化雨的情感滋养功能。情绪发展是青少年重要的发展任务，关系着其内心生存状态是否完善、和谐，关系着其人格是否丰满、健全。处于成长期的青少年情绪敏感，格外渴求情感的理解和沟通。如果得到足够的爱的关怀和感情的滋润，青少年的心中就会长出枝叶伸展、能稳固地支撑起他们的人生的大树，青少年也就会由此成为富有爱心的健全的人。而这不能依靠道德说教和生硬灌输，只能以情激情，以爱生爱。四是启迪认识的求知激发功能。在情绪濡染之外，教师的主要任务是通过教学活动促进学生学习能力的发展。教师要根据青少年的身心发展特点，运用高超的教学艺术，唤起学生求知的热情，启迪学生积极主动地学习和探索，生动活泼地、创造性地获取知识，并且掌握经验和方法，体验到追求知识的喜悦和满足。

教师如果充分运用自身作为"教具"的上述功能，显然能提升教学的艺术效果。捷克教育家夸美纽斯引用格累哥利那齐恩曾的话说："教育人是艺术中的艺术，因为人是一切生物之中的最复杂，最神秘的。"[②] 富有教学艺术的教师，可以让教学体现出如下特征。一是情感性。教师以充沛的激情投入教学，用饱满的爱心唤起每一个学生的学习兴趣和创造积极性，有助于形成渗透着师生情感交流的良好关系。这种关系的直观反映就是教师倾注热情，学生如沐春风，师生间心扉敞亮，情感互通。二是创造性。教学艺术不是对教科书的生搬硬套，也不是千课一法和"满堂灌"，而是教师先创造性地吸收和转化教学内容，再有针对性地进行多样化的教学设计，把学生看成富于生命活力和个性的个体，运用多种方法灵活施教。在这一过程中，特别重要的是教学机智和灵性发现，而教学机智"主

---

① ［苏联］B.A. 苏霍姆林斯基：《怎样培养真正的人》，蔡汀译，12 页，北京，教育科学出版社，1992。

② ［捷克］夸美纽斯：《大教学论》，傅任敢译，4 页，北京，人民教育出版社，1957。

要体现在与孩子们相处时的关心取向上”[①]。这就回到了情感性上，有情感才有创意。三是交互性。唯师独尊的教学不是美育，交互构成的教学才具有美育属性。教学应该是情境性的，充满师生、生生的激情和灵感，具有生命意义。

具有了情感性、创造性、交互性，教学也就具有了特殊的审美性。审美性教学将教学关系转化成审美关系，使师生都能得到美的享受，是一种艺术化的教学。艺术化的教学通常会在四个方面显现出审美效果：一是教学设计（包括教材处理、传媒选择和设计）；二是教学组织，即具体组织教学的方式；三是教学语言；四是心灵关照，指教师超越认知层面达到对学生心灵、情感的洞察，并在教学中施以关心。这些综合体现在教学活动的方方面面、分分秒秒，需要教师不懈追求，努力提高自身的审美修养和教学技能。

在教学艺术的呈现中，居于核心地位的是师生关系。教学活动是师与生、生与生，也即人与人之间的交流活动，是活泼的生命个体的创造性活动。每一个教师的每一堂课，都体现着他的创造精神和生命意志；每一个学生的学习活动也都各各不同。师生关系必须因人而教，因材施教，重视差异，尊重个性。教学活动中富有人情味的师生关系建构，可以在以下方面体现出美育效果。一是情绪美。成功的教学活动往往弥散着积极、和谐、愉快、活泼的情绪，当然也可能为了达到某种教学目的，而催生悲观、纠结、痛苦的情绪。二是思维美。思维是积极紧张的主体活动。在学习过程中，学生必须启动思维的齿轮，在思考、分析、比较、综合的过程中体验到思维和主体意志的力量。三是内容美。教学内容是人类文明和创造精神的结晶，它既是认识对象，又是审美对象。无论是科学美、艺术美，还是社会美、自然美，几乎所有美的形态都可以被反映在教学内容中。四是环境美。活动场所的面积、光线、色彩、音响是否有利于教学活动的开展；空间布置是否漂亮明快，具有激励和提神悦目的作用，又不至于分散师生的注意力；教师和学生是否精神饱满，衣着得体，体态端正；师生的情绪是否形成共振等，这些都是环境美所需要考虑的。五是形式美。形式美既包括教学媒体展示的形象，

① ［加］马克斯·范梅南：《教学机智——教育智慧的意蕴》，李树英译，142 页，北京，教育科学出版社，2014。

如板书、幻灯片等，又包括教师的仪态风度、教学语言的音调节奏等。

优秀的教师不但要在教学上下功夫，还要在审美上不断提升个人素养，包括进行理论学习，投入艺术实践，积累生活经验，注重反思总结。教师只有切实提高自我美育水平，才能更好地优化教学活动，更有效地引导学生。

二、青少年美育方式

按照终身学习的理念，美育涵括一个人从小到老的持续发展过程。在此过程中，青少年美育尤其重要。青少年时期是人从幼稚发展到成熟的关键转变期，这时期的美育会直接影响完整人格的形成和人性的全面发展。在移动互联网深刻嵌入日常生活的今天，青少年美育更是关联艺术、媒介、娱乐、休闲等多重问题，显出前所未有的复杂性。

本章所言的青少年，处于“学校生活与年轻人最后确定专业工作之间”[①] 的时期，大致是小学到大学阶段（7—22 岁）。青少年半幼稚半成熟，半依赖半独立，感性强而理性弱。青少年时期，个体会在智力、情感、道德等方面从幼稚向成熟转变，主要表现为个体的自我发现和自我确立。这是心理上的“断乳期”。一方面青少年自我意识逐渐增强，另一方面其知识储备和人生经验不足。因此，伴随这一过程的多是强烈的“反抗”行为：要么全盘自我否认，要么妄想性地自我肯定，总之充满不稳定性。青少年的思考、感受、行动能力和责任感等还不能适应社会的要求，但他们已经逐步产生社会归属感，并急于获得新的社会定位和比较稳定的社会身份。这一时期个体的情绪体验偏于激烈，表现为易冲动、爱幻想，并且由于自控能力增强，有时还有内隐、文饰、曲折等特点。

表面上看，青少年的这些特征不利于美育的开展。但实际上，青少年发展的可塑性恰恰说明了在这一时期进行美育的必要性。因为只有经过青少年阶段的自我认同，个体才可能从幼稚的儿童成长为成熟的、自我内部以及自我与社会都协调的完善的人，也才可能

---

① ［美］埃里克 · H. 埃里克森：《同一性：青少年认同机制》，孙名之译，90 页，北京，中央编译出版社，2018。

朝向感性的活生生的整体人格进一步发展。青少年的美育感知一般有三个特点。第一，儿童期的审美形态接纳范围和相对稳定的艺术偏爱到少年期、青年前期逐步扩大，青少年会对多种多样的艺术形式和风格产生兴趣。第二，学龄儿童尚不能用艺术的眼光接纳和理解艺术品，他们到青年前期开始试图以艺术家的眼光审视和评价艺术品，甚至萌发艺术创作的欲望。第三，来自学习和就业的压力容易使青少年放弃对艺术审美心理的持续发展，转而将主要精力放在学习科学文化知识和处理社会关系上。即使小部分学生能够继续在艺术专业领域深造，也主要是在做严格的艺术技巧训练。这很容易使本应轻松、自由的审美心理变得僵化。也就是说，审美心理发展趋于个性化、分流化和持续性，是青少年发展的共同特征。

这种特殊性也可以从三方面理解。第一，从个体发展情况来说，青少年处在个体发展的决定性转折点上，各种人格因素变化不定，美育需要具有特殊针对性。第二，就现代教育体制而言，实用主义教育占据主导地位。重科技轻人文，重知识轻能力，重理性轻感性，会造成个体心灵干瘪、想象力退化、感情冷漠、感性萎缩等后果。对此，美育尤需树立感性的整体的人这面大旗，把全面发展的人这一目标灌注到青少年的自我人格认同过程中。第三，从现实境遇来看，青少年承受着学习和就业的巨大压力，特别是移动互联网产生的多种信息文本和娱乐文化形态在争夺着他们有限的注意力。这需要美育高度关注其情感、精神、心理、人格，促使其健康成长。

美育是青少年发展的特殊课题，它可以从三个方面促进青少年发展。一是促进青少年的审美发展。审美发展是个体发展的一个重要方面，指个体审美认同能力的发展，包括感知艺术形式美、欣赏艺术风格、品味艺术意蕴、展开艺术想象、实施审美创造等能力的发展。二是促进青少年健康人格的形成。健康人格是感性与理性、个人与社会相互协调的人格。美育过程是直接激发和升华情感，激荡生命活力、启智养性的活泼生动的体验过程，有助于健康人格的形成。三是促进青少年综合素养的提升。“素养”本身就是一个综合概念。它不是指某种学识、技艺或业务能力，也不是指某种风度、气质或某方面的修养等，而是指个体的身心中内在的品质因素及可以被激发并外化为具体能力的潜在因素的综合。与之相关的素质教育，可以被理解为以人的身心发展为目标、使个体的内在品质和潜能综合均衡发展的教育。当前的艺术教育和艺术批评也出现了“素养论转向”①。在美育中，这种转向表现为美育的着眼点不再只是教育学生认识、感受、欣赏和创造美，而更在于感性的活生生的整体人格的全面生成，在于学生与社会、自然乃至整个世界发生从容的、深刻的、交互的情感关联。美育是贯通肉体和精神领域的感性教育，它保护和发展个体生命的活力和创造力，引导和升华感性的抒发，启迪想象，丰满人性，维持理性与感性的平衡，并渗透在德育、智育、体育之中，能够促进青少年综合素养的提高。

大体来说，青少年审美活动具有如下特征：强烈、多变和浪漫的情感性，体现于不同年龄段、不同性别和个体的差异性。青少年审美活动的发生和进行可以说是由强烈、复杂、浪漫的情感推动的。人的审美需求是一种情感需求，审美活动本身就是一种情感活动，直接作用于人的感觉、知觉、想象、理解等。所以在审美活动中，青少年常常将自身敏感的情绪投射到审美对象身上，形成审美活动的复杂多变。这种多变体现在对审美对象的兴趣变化上，就是很容易“喜新厌旧”，或对同一审美对象，愉快时觉得光辉夺目，烦恼时认为黯然无色。不过，青少年的情感也是浪漫的，表现为个体从幼稚走向成熟时必然相伴的丰富想象和对自由的憧憬。

当然，复杂易变以及过分浪漫也是不成熟的表现，这也是青少年美育应该重视的地方。教师应该保护和发展青少年强烈真挚的情感，引导他们在审美活动中自然地完成感性与理性的交融，实现人格的发展。这种引导特别需要注重差异性。近年来，对青少年的研究表明，青少年的审美结构出现了明显的圈层化特征。②青少年处于个体人格发展的加速期，每个人所受的各种因素的综合影响不同，自身发展的程度、方向各异，个性、人格也随之有别；因性的发育而形成的男、女气质的分别，以及少年与青年前期阶段性发展特征的不同等，导致青少年在审审美活动中表现出明显的趣味多元化状况。

面对如此复杂的青少年审美特征与状况，美育应该怎样进行呢？大致来说，青少年美育的开展应当遵循三条原则：一是以活动

① 王一川：《艺术批评的素养论转向》，载《文艺争鸣》，2009（1）。

② 吕鹏、张原：《青少年“饭圈文化”的社会学视角解读》，载《中国青年研究》，2019（5）。

为中心，避免说教；二是激发与传授相结合，注重共情；三是突出个性化差异，避免“一刀切”。某中学为八年级学生设计的“品秋节系列活动”就是一个很好的例子。教师安排学生分组设计“品秋节”方案，引导学生深入接触大自然，寻找“不一样的秋天”；举办诗歌吟诵、绘画、摄影的“班级达人秀”比赛，鼓励学生通过艺术创作来表达个人感受。[①] 在这样的教育活动中，不同的学生可以选择不同的表达方式，也可以在不同艺术形态的展示中感受到美的多样。

三、青少年美育途径

美育的目标是培养学生的完整人格和美好心灵，促进其审美创造的开展和美好生活的实现。个体如更富能动的审美创造意识与欣赏互鉴意识，社会会更加和谐，世界也会变得更具包容性。青少年美育的主要途径是通过感性形象涵濡来完成自我形象、想象能力、理性能力、价值取向和健康人格等方面素养的提升，具体可通过加强审美理论修养和投入审美活动实践来完成。必要的理论修养是提供审美自觉和审美理解的前提，主要通过课程教育和自我阅读来实现；更重要的投入审美活动实践则主要包括五种路径。

第一，体验自然。人与自然是共生关系。无论人类的发展走得多远，自然都对人类有着不可抗拒的召唤力。对自然无直接功利的欣赏，能使人类在自然中得到启迪和抚慰，吸吮生命的汁液，恢复生命的完整和活力。

体验自然，就要把千姿百态的自然作为极富审美价值的审美对象。一花一木，一石一鸟，星云雷电，山川湖泊，均以其各各不一的直观形式呈现出美，引起人们对自由的渴求。体验自然可以陶冶青少年的情操，启迪他们的感性，尤其是泛爱之心——如面对花草动物，将烦恼一扫而光；可以使青少年暂离城市喧嚣，洗心涤虑，返璞归真。这有助于改造扭曲或失意的人生，鼓励青少年追求生命的质感。体验自然既可以是亲临实景，也可以与欣赏艺术相结合，在艺术作品中感受自然之美。更重要的是，要用充满爱的眼光发现

---

① 李家成：《班级日常生活重建中的学生发展》，122 ～ 124 页，福州，福建教育出版社，2015。

身边的美，如雨打芭蕉、风动竹林、初霁彩虹、迟归倦鸟、惊涛拍岸。一旦融入人文历史，主体即可启动联想和想象，获得更多更深更广的审美体验。

第二，欣赏艺术。艺术教育是美育的主要途径。美学家斯托洛维奇认为："人的审美教育可以通过多种途径实现（这是日常生活的氛围，人的劳动活动的环境、道德关系的审美方面、运动），但是不能否认，艺术是对个人目的明确地施加审美影响的基本手段，因为正是在艺术中凝聚和物化了人对世界的审美关系。"[①] 艺术是是审美最集中最典型的形态，其美感既直接又潜在地影响着人的内在心理和精神气质。值得指出的是，在普通学校教育中，作为美育途径的艺术教育是一种通识教育，而非专业教育。它并不以专业技能水平的提高为目标，而是以情感教育和人格教育为特色，通过提高受教育者的审美能力来促进其全面发展。审美能力是审美感觉力、知觉力、注意力、记忆力、想象力、情感力和思维力等心理要素相互关联、相互融合的整体能力。它的培养依赖于审美经验的获得和积累，而只有亲身参与审美活动才能获得经验。这种经验可以补充和扩大个体的现实生活经验，提高个体对于现实世界和人类自身的认识与关怀，最终追求和实现个体人格的完善。

歌德说："鉴赏力不是靠观赏中等作品而是要靠观赏最好作品才能培育成的……等你在最好的作品中打下牢固的基础，你就有了用来衡量其它作品的标准，估价不致于过高，而是恰如其分。"[②] 只有有意识地以经典艺术作品来训练青少年的审美知觉，提升他们的鉴赏水平，特别是在创作与鉴赏相结合的过程中引导他们深入体验艺术，才能使青少年更好地确立审美认知，获得审美享受。

第三，品味传统。传统文化承载着人类的审美历史成果，中华优秀传统文化尤其是美育的宝库。将文化传统中的精华运用于美育，可以产生深远的影响。例如，中国古代的天人合一观念就对培养青少年热爱自然，亲近自然，与自然和谐交融、共生共荣的健康人格具有重要意义。品味传统其实就是选取人类文明的经典来教育青少

---

① ［苏联］列·斯托洛维奇：《审美价值的本质》，凌继尧译，200 页，北京，中国社会科学出版社，1984。

② ［德］爱克曼：《歌德谈话录》，朱光潜译，32 页，北京，人民文学出版社，1978。

年，增强他们的审美鉴别力。特别是在互联网时代，面对令人眼花缭乱的屏幕形态，天性喜好新奇的青少年更容易接受时尚、新潮，而这些文化产品的优劣需要以优秀传统文化为标准来衡量。

此外，品味传统有利于培育民族自豪感。人类的文化传统是有个性的，这种个性就体现在文化的民族性上。世界上每个民族都有自己独特的发展历程，积淀出该民族相对稳定的文化传统。正是这一传统使各民族相互区别，并使本民族人民产生凝聚力、向心力和蓬勃的生命力。中华文化源远流长，博大精深，青少年可以从中吸取丰富的精神营养，从而增强民族自豪感。

第四，扩大交往。交往，或称“沟通”，是审美的基本内涵。审美教育也是一种交往。交往至少包括三个层面：信息交往、情感交往和价值交往。一个善于与他人沟通的人，往往更能从与他人沟通的过程中感受到社会美（包括语言美、行为美、劳动美等），也能给予他人社会美的感受。这种社会美就是上述三个层面的结合，它能帮助主体在与不同他者的交往中修正自己的言行乃至价值观，扩大心胸，完善人格。最终，个体通过美育实现“美美异和”：既欣赏自己又赞美别人，不同个体、群体在保持各自审美趣味的基础上彼此和谐，“展开平等而公正的对话与交流”①。

扩大交往有以下几种方式。一是师生对话。教师要完成从“经师”到“人师”的转变，就要深度参与学生的成长过程，与学生有持续、深入的交流，从知识到价值，用关爱之心使学生感受到人际交往之美。二是生生对话。青少年时期是爱情萌发期，教师要引导学生进行情感的有度表达，“发乎情而止乎礼”，提升学生完善自我、提升境界的意识。三是社会对话。在互联网时代，表达观点和与他人交换意见已经变得十分便捷。青少年要在理性规范的公共表达基础上，学会从与他人的对话中感受社会美，变得更为理性、包容。四是家庭对话。在公共交往十分普遍的当代社会中，家庭内部的对话往往存在“灯下黑”的现象。家人之间缺少必要的信息、情感和价值沟通，可能导致学生审美能力中感知他人情感的部分受损，甚至导致人格的扭曲。因此，在家庭教育中注入美育的成分，尤其是情

---

① 王一川：《艺术公赏力：艺术公共性研究》，423 页，北京，北京大学出版社，2016。

感交往的成分，以全家出游、观影、看展、聊天等方式展开对话非常重要。

第五，师法英雄。英雄是具有伟大人性力量的人，英雄的崇高品德凝聚着他自身和人类无比强大、不可战胜的精神力量。这种力量能给心灵以震撼，激发起主体心灵深处对尊严、辉煌的渴望，使原本就正直奋进的人更加勇往直前；能使平凡的人摆脱庸俗，树立更远大的生活目标；能使悲观颓废之人振奋精神，直面人生；能使在人生道路上失足的人改邪归正。

英雄的崇高能激发青少年的道德感，引导他们建立感性和理性人格的平衡。崇高是一种关乎理性的智性情感，表现出主体人格精神超越平凡的高度、广度和力度，以及实践主体行为目的的博大性与正义性、坚定性与刚强性、至善性与无限性。它既是一种审美范畴，又是一种道德范畴，在促使青少年不断实现自我超越的美育活动中具有独特的效用。同时，英雄的激情也可以使青少年振奋精神，树立远大的志向。那种不怕牺牲的英雄情怀对青少年具有强烈的感染力和影响力。英雄的行为还可以为青少年树立楷模，影响他们的行为和价值取向。因此，需要社会加强引导，将对英雄的向往变成一种社会共识，帮助青少年树立正确的人生榜样，辨识高尚与庸俗、杰出与卑琐，从而见贤思齐，调整人生目标，在正确价值观的指导下生活和学习。

四、当代美育与完整的人

现代美育思想创始人之一席勒认为，美育可以弥合人的“撕裂”。工业发展必然使人在现实经验世界中被分割为对立的两个方面，即不变的“人身”和变动的“情境”。这就使人产生两种分裂的冲动，或称“两种冲动”——感性冲动和理性冲动（又叫“形式冲动”）。在席勒看来，古希腊人是完整的人，现代人是断片的人。工业使社会变成了一种“精巧的钟表结构”，一种无生命的“机械生活整体”，而曾经活生生的感性个体被束缚在“整体中的一个孤零零的断片上”[①]。能够使现代人重新变得完整的是美育。

---

① 王一川：《意义的瞬间生成——西方体验美学的超越性结构》，35页，济南，山东文艺出版社，1988。

席勒的发现确实深刻，他对现代工业文明的警示影响了之后从马克思到现象学的整个西方社会批判理论。但不得不说，席勒的美育观本质上是一种理想主义的认识，他瞩目的并不是一般意义上的具体教育问题，而是理想国家的构建："除非是达到人的内心不再分裂、人的本性充分发展，从而能使他自己成为设计师并保证人的现实成为理性的政治创造物。否则，我们仍然会把这种国家改革的各种尝试看作不合时宜而把建立在这一基础上的希望看作是幻想。"① 正因为席勒的美学对整个国家的焕然一新有着深切的期盼，所以他的理论在 20 世纪初得到了王国维、蔡元培等人热切的回应。这种"美育救世论"至今仍有巨大启示。

特别是在以算法为中心的移动互联网时代，智能手机的普及让人的"撕裂"更加直观地呈现为圈层化趋势。算法以人工智能技术为基础，目的是通过模拟人脑来精准满足需求，同时暗含对人脑的控制。在信息技术理论上，计算机科学家杰夫里·辛顿提出了"深度学习"的理念，使机器能够在对海量数据的处理过程中找到规律，进而产生自我演绎和完善的路径，摇身变为"人"（数据生产端）的观察者与控制者。算法的技术史虽然并不长，但它依托移动互联网对青少年产生的影响却是深远的。算法时代的特殊美学形态正在普遍涌现，更不用说，作为移动互联网升级版而出现的人工智能物联网等新技术文化仍在推进。

一旦算法嵌入移动互联网时代的社会生活，用精准推送的方式让人感受到便捷和舒适，人就很难从席勒所言的"断片"状态中彻底摆脱出来。从微博到微信，几乎所有流量入口都内置了相似的算法，共同作用于青少年，使青少年形成了相对独特的美学偏好，进而构建起算法时代的社会文化景观。

第一，算法使得信息的传播更加便捷，让青少年更容易聚集同类，稍繁即舍。基于浏览痕迹的算法推荐让青少年可以便捷地融入某个社群，如有某一共同爱好的社群，进而形成自我的身份认知，即"算法身份"。这一概念的倡导者、美国学者利波尔德就说，"班上成绩靠前的男学生在网上通常都以女性身份出现"，可见"传统

① ［德］席勒：《美育书简》，徐恒醇译，56 页，北京，中国文联出版公司，1984。

的性别区分方法”在网上是无效的。[①] 适应了算法自动推荐的信息获取方式，青少年对需要主动寻找的信息或知识往往抱持抗拒态度。他们习惯于信息的唾手可得，甚至衍生出版权意识淡漠、抄袭现象严重等问题。与这种心态相关联的是“断舍离”的极简美学。算法主导下的世界观有可能趋于简单，因为无法被算法“贴标签”的复杂行为与深刻观念很容易被忽视。

第二，算法反复巩固同类的认知，让青少年更容易放弃探究，拒绝改变。网络传播学有“信息茧房”或“过滤气泡”之说，即算法推荐让信息传播日益变成“我看见的就是我喜欢的，我喜欢的就是我看见的”，个体世界在互联网上失去了它本有的丰富度。一方面，已有的偏见在这一同质重复的传播过程中得到了强化；另一方面，偏见持有者的“抱团取暖”变得更加普遍——“说了你也不懂”成为网络时代青少年的常见心态。

第三，算法不断加重信息的刺激，让青少年更容易失去耐心，重视结果。从短视频的流行便可看出，算法使青少年的审美趋于轻平迅捷，对漫长的悬念设置和复杂的文本实验缺乏兴趣。心理学研究已表明，面对感官刺激，大脑理性反应的皮层会慢半拍。愈来愈短的视频常常在大脑还来不及进行理性反应时就已经结束了，导致人的“撕裂”从工业时代的偏重理性转向了偏重感性。习惯了“越来越快”的媒介生态的青少年，会把强烈的信息感官刺激看作理所当然。他们对未知不再有充分的耐心，而是高度重视刺激的强度和事件的结果。

概括来说，算法时代的美学特征是个性隐匿在共性之后，人既可以被轻易地发现，也可以“躲”在庞大的“数据”中；个性化及其轨迹可以被大数据轻易地追踪，并通过深度学习的算法加以推演。在同类重复、强化刺激的算法逻辑中，新的“撕裂”正在出现。这警示我们需要通过美育完成对完整的人的重新想象。

近百年来，中国经历了两次美育的兴起。一次是 19 世纪和 20 世纪之交，王国维、梁启超、鲁迅、蔡元培等一批知识分子不约而同地倡导美育。另一次是 2010 年之后。第二次美育复兴至少在两

---

① ［美］卢克·多梅尔：《算法时代：新经济的新引擎》，胡小锐、钟毅译，47 页，北京，中信出版社，2016。

个层面与第一次不同。一是社会背景。近代中国内忧外患，受西方美学思潮影响而产生的美育运动必然带有“救世主义”的启蒙倾向。二是主流媒介。近代中国的新兴媒介是现代报刊。这是典型的“一对多”的大众传播媒介，其便于“启蒙”的优点毋庸置疑。新一轮美育复兴发生于移动互联网的智能媒体语境之中，易受技术与资本的控制。

这种新的语境也需要对原有论断再做商榷。例如，席勒提出的美育应该表现为“游戏冲动”，随着算法的普遍应用而很难取得事实支撑。2013 年，《精神障碍诊断与统计手册（第五版）》（DSM-5）将“网络游戏障碍”（Internet Gaming Disorder）正式列入“行为成瘾”（Behavioral Addiction）；2018 年，世界卫生组织在《国际疾病分类（第十一版）》（ICD-11）的“行为成瘾障碍”中增列“网络游戏障碍”，各地关于“网络游戏障碍”的医学测量量表也在制定之中。[①] 可以说，至少对成瘾者而言，网络游戏绝非无目的、零价值的活动，甚至成了主体生存的唯一目的。通过深度学习和算法推荐，网络游戏对人性中功利化需求的刺激，如购买游戏装备、通过游戏进行社交等，使得游戏不再只是人的自由显现或精力过剩的产物。除了网络游戏，各种短视频平台通过基于关联规则的算法推荐和参与式体验，同样具有虚拟环境中的“成瘾—控制”效果。这种“游戏控制论”显然走向了美育的反面，变成人们被“撕裂”、化为“断片”的表现。

要扭转这一现象，就要使青少年重新进入现实，在具体的劳动创造中感受自我的力量，而非走向异化，如被游戏控制。后者可以被视为马克思讨论的“异化劳动”在算法语境中的一种呈现——成瘾玩家在游戏中看似肯定自己，实则否定自己；他没有真正改造对象世界，证明自己是“有意识的类存在物”，只是改造了游戏设计者创造的“世界”，肯定了自己的虚拟意识。这样，我们就从“席勒的美育”进入了“马克思的美育”。后者强调的是现实的自由自觉的劳动，或称“创造”。劳动者能够从中肯定自己，占有生产对象（劳动产品）。劳动“生产了美”。在智能互联的语境中，这种

① Paschke Kerstin, Sack Peter Michael and Thomasius Rainer, “Validity and Psychometric Properties of the Internet Gaming Disorder Scale in Three Large Independent Samples of Children and Adolescents”, *International Journal of Environmental Research and Public Health*, 2021, 18（3）: 1095-1095.

生产可能是在一个能够产生商业价值的系统/平台上完成的，也可能带有游戏的性质，如“紧张、愉悦的感受和有别于‘平常生活’的意识”[①]。最要紧的是，它不是虚拟的满足，而是一种借用媒介产生的主体批判意识与创造意识；它跃出同类反复、强化刺激的算法逻辑，最终变成数据流中有待深度学习予以整合的“奇点”。这是对朱光潜、宗白华、蒋孔阳等人提出“美在创造中”这一观点的当代回应。

延续席勒而来的美育强调个性、感性、趣味，它对抗的是工业社会的过度理性和标准化，反对“一首曲子、一幅画、语文课本中文学类的一篇作品只能有一种理解”[②]。这种美育有着深刻的合理性，但它的普遍出现需要以相对充分的物质基础、丰富的文化供给、较高公民素养为基础。随着中国社会的发展，这种语境正在形成。例如，2020年，大一学生刘上成功发射自制火箭并回收。他长期关注火箭研发，科幻电影是他用以自我教育的社会美育资源之一。这个例子说明，美育的最终成就是一种自主的劳动和创造。它不是个体与时代的对抗，而是在时代中找到自我，找到自由联盟的“圈层”。

在移动互联时代，完整的人的出现不只是个体的自在自由，还包括把自我的自在自由与民族国家的发展、社会的公平进步联系起来，使“各美其美”（自赏）能够具有通向“美美与共”（公赏）的可能。还是2020年，一个大学选择考古学专业的女孩受到热议，许多人并不看好她的选择。这时一个利用了算法却更多出自自由联盟的“圈层”出现了——众多文博机构和考古领域的学者向她送来祝福，为她鼓劲。这个例子说明算法时代也有“破圈”的可能，完整的人的养成需要青少年更加注重自主的审美创造，注重互联网时代的共同体的生成。

---

① ［荷兰］约翰·赫伊津哈：《游戏的人：关于文化的游戏成分的研究》，多人译，30页，杭州，中国美术学院出版社，1996。

② 杜卫：《当代中国美育问题》，285页，济南，山东文艺出版社，2008。

本章摘要

教师应该教书与育人并重。进入数字化时代，教师的任务变得更加侧重育人。教师角色具有美育功能，包括美好健康的形象示范、言传身教的心灵化育、春风化雨的情感滋养、启迪认识的求知激发。优秀的教师不但要在教学上下功夫，还要在审美上不断提升个人素养。青少年审美活动特征有二：强烈、多变和浪漫的情感性，体现于不同年龄段、不同性别和个体的差异性。青少年美育的开展应当遵循三条原则：以活动为中心，避免说教；激发与传授相结合，注重共情；突出个性化差异，避免“一刀切”。青少年审美活动实践主要包括体验自然、欣赏艺术、品味传统、扩大交往、师法英雄。席勒认为，工业发展使人产生两种分裂的冲动，需要美育加以弥合。在以算法为中心的移动互联网时代，人的“撕裂”直观地呈现为圈层化趋势。算法使得信息的传播更加便捷，让青少年更容易聚集同类，稍繁即舍；反复巩固同类的认知，让青少年更容易放弃探索，拒绝改变；不断加重信息的刺激，让青少年更容易失去耐心，重视结果。要扭转这一现象，就要使青少年重新进入现实，在具体的劳动创造中感受自我的力量。

思考与练习

1. 教师角色对美育来说有哪些功能？
2. 青少年时期的审美活动有哪些特点？
3. 试论人工智能技术对美育的影响。

深度阅读书目

1. [加] 马克斯·范梅南、李树英：《教育的情调》，李树英译，北京，教育科学出版社，2019。加拿大教育家马克斯·范梅南倡导耐心聆听和细致观察，主张基于爱和同理心去理解学生的内心世界，进行适当引导。

2. 杜卫：《美育论》，北京，教育科学出版社，2000。该书以美育的现代性为切入点，着重阐述了美育在现代化进程中特有的“感性教育”性质和“审美育人”功能，并提出了美育的方法论原则以及实施途径。

3. 檀传宝：《美学是未来的教育学——德育世界的探寻》，上海，华东师范大学出版社，2015。该书倡导让审美、立美的教育在全部教育生活里成为教育工作者的自觉，让审美标准成为所有教育实践的基本标准。

4. 王一川：《意义的瞬间生成——西方体验美学的超越性结构》，济南，山东文艺出版社，1988。该书探讨了体验美学的理论内涵和体系，认为西方体验美学的根本宗旨是通过瞬间的体验追求人生的终极意义，开启了体验美学及后来的修辞论美学的学术沿革。

后　记

鉴于当前全国高校对“大学美育”“美育”或其他相关课程教材有着新的需要，我接受北京师范大学出版社的约请，承担了本教材的主编工作。

本书是由对大学美育课程有着执教经验和探究兴趣的大学教师们协力完成的。具体分工如下：

第一章、第二章：王一川（北京师范大学）

第三章：郭必恒（北京师范大学）

第四章：张新赞（北京工商大学）

第五章：梁刚（北京邮电大学）

第六章：吴键（北京师范大学）

第七章：金浪（重庆大学）

第八章：石天强（北京航空航天大学）

第九章：高岭（北京开放大学）

第十章：李宁（北京师范大学）

第十一章：林玮（浙江大学）、胡若予（国家开放大学）

此外，郭必恒教授还担任本书副主编，协助我进行统稿工作。

值此书稿完成之际，特向上述同道致以衷心的感谢！

同时，也向北京师范大学出版社周粟以及参与本书出版的排版、校对等工作人员致谢。

2021 年 4 月 21 日于北京

第 2 版后记

本教材初版于 2021 年 10 月，承蒙读者信任，到 2022 年 11 月已累计印刷 3 次。现在根据新的教学需要，修订出第 2 版。

承担这次修订任务的，仍是初版时的编写组成员。

第一章、第二章：王一川（北京语言大学）

第三章：郭必恒（北京师范大学）

第四章：张新赞（北京工商大学）

第五章：梁 刚（北京邮电大学）

第六章：吴 键（北京师范大学）

第七章：金 浪（重庆大学）

第八章：石天强（北京航空航天大学）

第九章：高 岭（北京开放大学）

第十章：李 宁（北京师范大学）

第十一章：林 玮（浙江大学）、胡若予（国家开放大学）

需要说明的是，这次修订工作启动于 2022 年 11 月中旬。大家努力克服困难，按时完成任务，令我十分感动。在此特向郭必恒副主编和其他同道致以衷心的感谢！

同时，向北京师范大学出版社高等教育分社周粟编辑等致谢。

王一川

2024 年 2 月 2 日于北京

说　明

本教材配有相关教学课件及教学资源，请有需要的教师与以下邮箱取得联系，获取《大学美育》及北京师范大学出版社艺术与传媒类更多教材的教学资源，以供教学使用。

联系人：北京师范大学出版社　周编辑
联系邮箱：bnu2015ys@126.com

王一川教授领衔的专家团队“大学美育”慕课已上线平台，请扫码关注。

大學美育
王一川
北京师范大学出版社

大學美育
郭必恒
北京师范大学出版社

说　明

本书配有“大学美育”融媒体资源，请扫描以下二维码进入“云学习”观看。